历史的天空

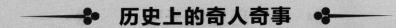

历史上的奇人奇事

历 史 的 天 空

历史上的奇人奇事

王 晶 编著

 吉林出版集团有限责任公司 | 全国百佳图书出版单位

◆ 前　言 ◆

　　世界之大，无奇不有。有些人自身就是一个传奇，就是一个谜。有些事总是迷雾重重、千奇百怪。

　　在这个世界上令人不可思议的事情时时刻刻都在发生，形形色色的奇人也在陆陆续续地登上历史舞台。他们来过又走了，留下一个个传奇让后人去揣摩、猜测。

　　古往今来，名人多趣闻轶事，这些都是人们津津乐道的话题。这些话题包括他们悱恻的婚姻、传奇的身份、古怪的行为与奇异的性格等。

　　在漫长的岁月中，这些奇人奇事像鹅卵石般沉淀在历史的河床底部。然而随着时间的推移，事物的不断变化，原本模糊的面庞，有的是渐渐清晰，但更多的是变得更加离奇荒诞。

　　这些经过后人糅合和改编的奇人奇事，往往加入严重的个人情感色彩，如此变得更加的不真实，甚至一些原本稀疏平常的事儿、平平淡淡的人经过不断地演绎也传奇起来。

　　因此，前人的奇人奇事很多是说不清，道不明的，真真假假也难以辨别。例如，帝王们为了权力和欲望无所不用其极地制造出惊世骇闻；政治人物更是要尽手段留下一个个奇诡阴谋；还有的人在名人的光环下，做着鲜为人知的奇事怪事；不甘落寞的倾世红颜也有着不为世人所知的传奇秘密。哪怕只是一个历史牢记的实人或者传说，也有百转千回的经历。

　　为了展现这些奇人奇事，我们从各个角度分析揣测，意图对其怪异的举止、荒诞的处事等来由有合理的解释。当然，也有许多解释比较合情合理，却由于时过境迁，不能验证这些解释的真假，慢慢就成了传奇，成了谜。

　　在此书中，让我们一起品传奇的事，看传奇的人，揭示传奇背后的故事。

◆ 目 录 ◆

文人篇

苏东坡与"恐怖美食"　　　10

能破解文字密码的文人　　12

不吃鸭肉的纪晓岚　　　　16

活得很自我的袁枚　　　　19

苏辙的早年也蜗居　　　　23

曹雪芹喝酒没钱押佩刀　　27

讨厌拍马屁的王安石　　　30

宋祁写诗抱得美人归　　　34

5

◆ 目　录 ◆

文人篇

古人面试有奇招　　　　38

古代文人的另类养生　　41

古代文人爱折柳送别　　45

古代文人薪水有多少　　49

古代文人爱植树　　　　53

很少近视的古代文人　　56

古代文人的抄袭之风　　59

文人也遇假冒伪劣产品　63

◆ 目 录 ◆

君臣篇

杀功臣成瘾的朱元璋　　　　69

把臣子当棋子的武则天　　　　75

善于摆布臣子的康熙　　　　80

在臣子身上敛财的梁武帝　　　　87

喜欢与臣子斗智的明神宗　　　　90

与臣子不交心的乾隆　　　　94

与臣子臭味相同的宋徽宗　　　　103

屡遭臣子顶嘴的宋神宗　　　　107

枉负忠臣心的明英宗　　　　111

与佞臣为舞的汉成帝　　　　113

◆ 目 录 ◆

君臣篇

君臣关系纠结的汉宣帝　　　　116

防臣如防贼的崇祯皇帝　　　　122

拿大臣没办法的宋真宗　　　　125

崇信宦臣的明武帝　　　　　　129

偏信佞臣的秦二世　　　　　　133

爱臣若宝的唐肃宗　　　　　　137

经常为难忠臣的皇太极　　　　141

非要杀忠臣的宋高宗　　　　　145

君臣缺少默契的宋孝宗　　　　149

任宦官左右的唐僖宗　　　　　154

历史的天空

历史上的奇人奇事

文人篇

苏东坡与"恐怖美食"

　　大文学家苏东坡也是个大美食家,一生走到哪儿就"吃"到哪儿。只是当他被流放到还是蛮荒之地的海南岛时,在"吃"上就遇到些麻烦——"北船不到米如珠",连米都很稀有,遑论佳肴?但这难不倒聪明又乐观的苏学士,他在海南"吃"出了野趣,也可以说吃到了"恐怖美食"。

　　东坡诗云:"土人顿顿食薯芋,荐以薰鼠烧蝙蝠;初闻蜜唧尝呕吐,稍近蛤蟆缘习俗。"由此可见他吃过癞蛤蟆,也有很大的"嫌疑"吃过烧蝙蝠和"蜜唧"。

　　何谓蜜唧?就是把刚出生的周身通红的小老鼠蘸点蜜,以筷夹之放到嘴里,听到"唧"的一声才算吃得正宗。也许觉得吃这些东西有失斯文,苏诗人在描写时采用春秋笔法,更以"入乡随俗"为挡箭牌,其实还是肚皮决定一切。在有上顿没下顿的日子里,可爱的苏大人曾尝试过以"龟息法"来"食气辟谷",即依靠吞咽阳光来排除饥饿,无论如何,老鼠蛤蟆虽听着恐怖,但远比阳光更能解决肚皮问题。

　　苏学士在海南岛上真正"缘习俗"而品尝过的"恐怖美食",应当是槟榔。他在《食槟榔》诗中描绘过"北客"初吃槟榔时的惊恐之

苏东坡塑像

状——"北客初未谙,劝食俗难阻。中虚畏泄气,始嚼或半吐。"

但嚼着嚼着忽觉又有些回甘:"面目太严冷,滋味绝媚妩。"槟榔其实是"食疗"的绝佳药材,李时珍《本草纲目》记载:槟榔与扶留叶合蚌灰嚼之,可辟瘴疬,去胸中恶气。因此,正宗的海南土著吃法,是将新鲜的绿色槟榔果切成片,配以折叠成三角形状、涂上蚌灰或蚶粉的"扶留叶",俗称蒌叶。以此法嚼槟榔的第一反应,往往是面红气喘如醉酒一般,苏东坡曾调侃道:"两颊红潮增妩媚,谁知侬是醉槟榔?"

槟榔的绝妙之处不仅于此,古籍中还有这样描写:醒能使之醉,醉能使之醒,饱能使之饥,饥能使之饱。由此不禁联想起苏东坡的人生际遇——他也有过锦衣玉食的生活,但信仰的追求让他走上了一条自我放逐之路,"问汝平生功业,黄州惠州儋州"。宦海沉浮,过分清醒是件痛苦的事,但一味沉沦也是否定自己人生价值,因此大半辈子的颠沛流离中,苏东坡不断辗转于半醉半醒、半饥半饱之间。

海南岛上的"恐怖美食"槟榔,很好诠释了东坡居士酸甜苦辣的一生。

能破解文字密码的文人

　　唐明皇李隆基 28 岁即位当皇帝,71 岁因为"安史之乱"而退位,做太上皇,78 岁去世。唐明皇统治的前半期,即开元年间,是中国历史上著名的黄金时代,史称"开元之治",但是,天宝末年,却出现了一场几乎倾覆了唐朝江山的安史之乱。

　　唐玄宗李隆基并非从娘肚子里出来就注定是天子。这就要从玄宗的祖母女皇武则天谈起。武则天的丈夫高宗饱受高血压和偏头疼病之苦,朝政掌控在武则天手中,高宗五十多岁就去世了,太子李显当皇帝两个月,就被武则天废去,性格懦弱的李旦继位为帝,而事实上权力完全掌握在母后之手。

　　隆基 3 岁被封为楚王,8 岁那年武则天改唐为周已届两年了,李隆基在车马的簇拥下,来朝拜女皇,负责禁卫的金吾将军武懿宗对其乘骑大声呵斥,李隆基毫不示弱反驳:"吾家朝堂,干汝何事!"据说武则天对孙儿的霸气很是赞赏。

　　公元 705 年,张柬之等发动政变,迎中宗复位。中宗是一个昏庸的皇帝,皇后韦氏想步婆婆武则天的后尘当女皇,害死了自己的丈夫。这就给早就在一旁侧目、伺机而起的李隆基及其姑母以可乘之机。

李隆基的姑母就是武则天的掌上明珠太平公主。又是一场残酷的宫廷喋血！李旦在妹妹和儿子的保驾下，再次登上皇帝的宝座，隆基以功被立为太子。两年后，李旦倦于政事，让出皇位，隆基即位。

李隆基即位期间，也并不是一心只耽于玩乐，他所处的时期正是唐朝的黄金时代。闲来无事，他发现一个相邻的小国土地肥美，风光绮丽，物产丰富，于是滋生了想侵占这个小国的图谋，并多次先在边界挑起争端。

唐明皇的图谋，也已被小国君王掌握，因此，他们在边境上加强武装力量，在利用小国四周道路崎岖、易守难攻的有利条件的同时，加强对军民保家卫国的教育，做到兵强马壮。

一天，小国之君在做好备战的同时，主动出手，先发制人，派一个使者呈送外交使书给唐明皇。唐明皇接见了使者，收下使书打开一看，只见正文只有四个字："天心取夹。"

唐明皇不明其意，召问左右官员，众人一看，个个摇

李隆基像

头，都说不知其意如何。

唐明皇速究来使："天心取夹"是何意？使者称，这乃外交公文，我只管送呈，你堂堂大国之君都读不懂使书，我亦不知其然。

唐明皇受到讥讽，一怒之下，顾不上外交关系，下令将小国使者软禁起来，质问使者，使者曰："此为国家机密。"死也不肯明说。随后，唐明皇召集朝廷文武官员详细研读这四个字的含义，可是，七天七夜过去了，仍未破译其意如何。

这时，小国之君又派人拜见唐明皇，抗议唐明皇扣留使者的不当行为，急得唐明皇六神无主，一筹莫展，大骂满朝文武官员枉读诗书，枉食皇粮，枉为朝官，连小国送来的使书都读不懂，真是奇耻大辱！

几天来，在朝廷任职的李白也和同僚们一样，对这四个字夜以继日，苦心推敲，多方猜测，后来终于试着在"天心取夹"四个字上，每字加上一笔画，变为"未必敢来"。这"未必敢来"就是警告唐明皇，我们的边防固若金汤，我们时刻准备着，你们大唐国是不敢贸然行动的。

李白将此破解上报皇上，经众官研究后认为破解有理。后经使者核实其意后，使者对正确无误的破解也十分敬佩。此刻，唐明皇如梦初醒，深感这邻国之君不是等闲之辈，该国人才济济，文武双全，不然，写不出如此高深莫测又暗藏玄机的使书来，故打消了侵占它的念头，并从此与邻国建立更加友好的关系，和睦相处。

由于李白破解使书立了大功，唐明皇开恩嘉奖李白。唐明皇知道李白平常是爱喝酒与写诗的人，因此，手谕给李白全国各地都可以"逢店饮酒，见库支银"。

　　从此，李白畅游天下，在"逢店饮酒，见库支银"的衣食无忧之中，踏遍了祖国名山大川，看尽了各地风土人情，因而给后人写下了近千首美丽动人的诗篇，其中大都是歌颂祖国壮丽河山的诗文。

李白塑像

不吃鸭肉的纪晓岚

纪晓岚自幼聪颖过人，有"神童"之称，以博学多闻著称于乾隆间，曾总纂《四库全书》，又修《四库全书总目提要》、《热河志》。他不仅是个富有智慧与幽默感的文化名人，而且还是一个美食家。

纪晓岚的食性与众不同，平生不吃米饭，进餐时只用猪肉10盘，熬浓茶一壶即可。宴请客人时，桌上水陆肴馔，精美洁净，但他又举箸邀客，自己则光吃肉而已。曾有客见纪晓岚吃饭，其仆人捧上火腿一大碗，约三斤，他边说话边吃，一会儿便碗底朝天。

纪晓岚一生步履遍及华北、西南、西北，见多识广，学问渊博。又由于长期担任清廷高级官吏，出入皇室及显贵之门，门生故吏遍及天下，故得以品尝各种山珍海味、名肴佳馔、奇瓜异果、香茗陈醪，对饮食有独特见解，并进行了可贵的探索。

宦海沉浮，他在仕途中，曾被发遣到乌鲁木齐数年，品尝了许多珍奇的新疆肉食，如吃了骒肉后，他感到其肉"肥脆可爱"。吃了北疆大漠中的独峰野骆驼，感到其峰肉切小块后烧了吃"极肥美"。他又吃了许多新疆盛产的水果，认为葡萄当以吐鲁番所产的为最佳，甜瓜当以哈密所产的为最好，指出北京人把绿色葡萄看成是最上乘的葡萄不妥,其实绿色乃微熟,不能甚甘;渐熟则黄,再熟则红,熟十分则紫,甘亦十分矣,"这是有道理的。

纪晓岚在贵州时,得知苗人部落酋长以寄生在兰花中、吃兰花芯长大的一种类似蜈蚣的虫子为美食。捉住这种虫子后,放少许盐末,用盖覆在酒杯之中,即化为水,用以代醋,但遗憾的是他自己未问这种昆虫食品叫什么名字,致使写在书上而后人亦无从查考。

一次,友人赠他用锦函包装的、特异的海外山珍——猩唇两枚。他打开一看,这是"自额至颏全剥而腊之,口鼻眉目,宛然如戏场面具,不仅两唇"的珍贵食品。由于他的私人厨师不会烹制,只好转赠好友,友之厨师仍然不知烹制之法,又转赠他人,尽管他才富九车,知识渊博,然而对高级的、海外山珍的烹饪之法,亦一无所知,只能望洋兴叹了。

纪晓岚在美食方面的见多识广可见一斑,但是,在他尝遍世间美味的同时,却有一样,他坚决不吃鸭肉。

一次宴会中,晓岚和孙端人同席,董曲江、刘师退等人也都在座,大家知道他酒量不佳,也不深劝,由着他尽情享用席间的珍馐佳肴。正在这时,上了一道"挂炉烤鸭",这是京城当时的一道名菜。大家纷纷举箸,吃得津津有

纪晓岚塑像

味,唯独纪晓岚未动筷子。

　　大家都知道,纪晓岚有个习惯,就是非常爱吃肉,但他也有个例外,就是绝对不吃鸭肉,不管是何等名厨烹调的,他也不肯例外。他这个怪毛病,有人并不知道,就向他问道:这鸭肉很可口,为什么不吃呢?

　　于是一旁有人解释道:原来,早年纪晓岚住在河间府东光城岳丈家。听说有一天深夜,人们被一片"汪汪汪"的狗叫声惊醒,起身到外面察看,发现有一家屋顶上,站着一个身穿衰衣麻带、披头散发的人,在月光的辉映下,看得清清楚楚。那人手里挽住一个大布袋,里面发出许多只鸭子的叫声。

　　那个人沿着房檐行走,由东家窜到西家,所到之处,都从屋檐上掷下两三只鸭子来。第二天,有的人把得到的鸭子宰着吃了,跟普通的鸭子并没有什么两样,但让人奇怪的是,凡是得到鸭子的人家,在那一年里都有人死掉。后来大家想起那天夜里送鸭子的人来,认定是凶神出现了。此后,纪晓岚便无论如何,也不肯吃鸭肉了。

　　众人听罢,都取笑他迷信,罚他喝酒不说还让他写诗,纪晓岚略加思索,出口吟道:"灵均滋芳草,乃不及梅树。海棠倾国姿,杜陵不一赋。"灵均是战国时大诗人屈原的字,他歌咏过许多奇花异卉,唯独没有提起过梅花;杜陵是指唐代诗人杜甫,因为他曾在诗中自称过少陵野老,杜甫曾为百花赋诗,就是不曾讴歌海棠。纪晓岚用这两件事来为自己解脱,作为不吃鸭子肉的理由,巧妙地完成了这个题目,可见他学识渊博,才思机敏。

历史的天空

历史上的奇人奇事

活得很自我的袁枚

　　所有的文人当中，活的最潇洒和最会享受生活的当属袁枚了。

　　袁枚是清朝鼎盛时期，数一数二的大才子，12岁中秀才，广西巡抚命其做铜鼓赋，提笔立就。据说当年袁枚点了翰林之后，回乡娶媳妇，有好事者绘图记其事，图上的袁枚，年少玉貌，身披红斗篷，胯下白马，从者数人。

　　袁枚二十四岁高中春闱，"一声胪唱天下闻"，以"人似玲珑，

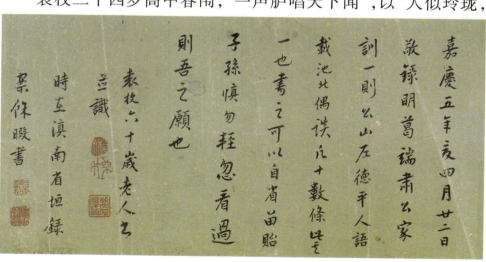

袁枚书法

笔如牛弩"为时人赏称"才子"。只因"壬戌试翰林翻译,枚最下等"落得外放江南,知江苏溧水县县令。在任期间,袁枚可谓上善若水,为政清廉,深为当地百姓爱戴,因此被其恩师尹继善举荐为江苏高邮太守,但终未获批准。

与此同时,他恰巧收到母亲患病的来信,于是他毅然辞职,不给你皇帝卖命了,潇洒地走了,回到了日后著名的随园。那时的袁枚刚刚33岁,早过了血气方刚的年龄,可能做这样的举动,也是一种率性的行为。人到中年,百事看得开,于是辞官不做,在金陵附近买了块地,据说此地是当年谢安生活过,人称谢公墩,修了一座随园。

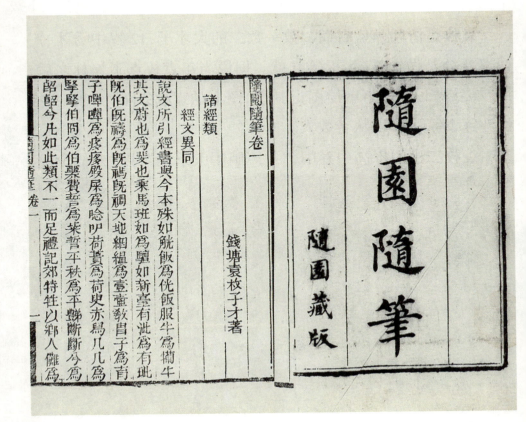

古版《随园随笔》

从此，他在园子里饮酒作诗，当起了职业诗人，当然也是名士。袁枚诗作得好，不成问题，连高丽琉球都高价求之。除了诗之外，他还有两件事特别有名，一件是美食，袁枚著有《随园食单》，记载了许多美食佳肴的做法。

当时的随园，种菜、养鸡、养鸭、还养猪和兔子，养法与众不同，加上园中的他自己就是厨子中的高手，率领众多高厨，做出来的菜肴，自是别具一格。当时的随园，经常高朋满座，有次开筵，客人居然达500人。各处达官贵人，诗人名流，只要路经金陵，没有不去随园的。

到随园的人，除了可以饱口福，还可以饱耳福，随园老人袁枚的诙谐风趣，无人可及。一个朋友死了，他把朋友欠他的五千金债券，一把火烧了，还拿出钱来帮助朋友的后人。善于美食美言的袁枚，也会挣钱，否则三日一小宴，五日一大宴的银子哪里来。

袁枚的文名远扬，四方贵人和富人，求他给死去的爹娘写墓志铭的，不知凡几。求人例有高报酬，看在钱的份儿上，袁枚有求必应，来者不拒。

短期的为官生涯，并未使他留恋名利，相反，袁枚更喜欢生活在自己的小世界里，在自己的乡间别墅中，真可谓如鱼得水，自在快活，日日花间美酒，红袖添香，青衣红粉，无所不备。

同历史上著名的文人李渔一样，袁枚有着自己的见地与小圈子。在随园里，他交游甚广，著述颇丰，以其惊世绝华的文笔和震撼文坛的文学主张"性灵说"为时人称道，被誉为当时文坛的"东南盟主"。据其友姚鼐为其写的墓志铭、《清史稿》及所有的评传所述，皆说袁枚两次辞官是因为母病、父丧，但这只是表象，只有袁枚的夫子自道才提及事情的原委。袁枚《答陶观察问乞病书》说：我的个性是不喜拘束局促，不喜欢官场那一套迎送应酬的无聊之事。

袁枚画像

袁枚一生颇好读书，而做官之后，他整日忙于吏务，无暇读书，只能是"每过书肆，如渴骥见泉，身未往而心已赴。"不能遂自己的意愿尽兴读书，这对他来说是一件何其痛苦的事。

做官还占去了他与家人团聚的时间，使他不能尽享天伦之乐。他说一个人一旦当了"俗吏"，便"《周易》三百六十职，佛经万劫千灾殃，顷刻叫汝一身当。"这种累是他所不愿受的，因此，他宁可辞官归隐，只做自己。

由上述可见，袁枚并非厌世，他只是为了活得更真实更自我，不愿被官职缠缚。他喜欢潇潇洒洒地做自己，享受无法形容的自由呼吸、自由吟唱的快乐，"千秋万事后，与李杜韩苏谁颉颃。"管他什么功名利禄，他只要从从容容，以佳人和诗酒相伴，与二三知己为痴求学问而迎送晨昏，不知老之将至，走过其后的四十五年的随园岁月。

袁枚可以说是一个清醒的智者，清楚地看到为官的无奈与不开心，于是他做了一个隐世的文人，这对于那些一生追逐名利考取官名的文人来说，不能不说是一种莫大讽刺。

苏辙的早年也蜗居

在古代，武将是很容易封官加爵的，只要有战争，即可披挂上阵厮杀一番，换来宅院美眷。而文人却很少有这样的幸运，往往穷其一生，也不见得有片瓦遮身。

宋元符三年的五月，苏轼结束七年流放生涯从海南北归。当时传闻，他将入朝拜相。曾在哲宗朝为相的章惇之子章援，因为害怕父亲对苏轼的迫害甚多而受打击报复，特意写了一封长信给苏轼，请求他的宽容。

对官场恩怨早视作过眼烟云的苏轼即做回复，坦诚相告："伏读来教，感叹不已。某与丞相定交四十余年，虽中间出处稍异，交情固无增损也。闻其高年，寄迹海隅，此怀可知。但以往者，更说何益，惟论其未然者而已。"这种不咎既往，珍惜情谊，以德报怨的胸怀，的确令人钦佩。

苏轼与章惇确有

"三苏"石雕

23

"同年"之谊。仁宗嘉佑二年,苏轼、苏辙兄弟俩和章惇均为同榜进士,并做了颇有情谊的好友。但在哲宗亲政,章惇、蔡卞当权之后,因为政见的分歧,以"讥刺先朝"的罪名将苏轼降职免官,贬置惠州。

绍圣四年,苏轼再贬为琼州别驾,发配儋县。身为宰相的章惇还特别下了一道命令:不准苏氏兄弟在官舍居住。也就是说,章惇不但在政治上对苏轼排斥、打击,而且在生活上也对苏轼加以设障、为难。

在双重迫害之下,苏轼只得租用民房栖身。可谓凄风苦雨,备受摧残。两千多个苦熬的日日夜夜,苏轼身心备受伤害。这样的政治恩怨和生活逼迫,无论放在哪个人身上,都是难以释怀,刻骨铭心的。但落到苏轼头上则是另一种看待了,他既不想翻历史的旧账,也不计较个人的恩怨,反而用"更说何益"一笔带过。这种宽宏大量,实属罕见。

苏轼从来不把政见分歧、仕途沉浮与朋友情谊拴在一起。对苏轼而言,你我政见虽异、不相为谋,但私交尚在,仍可以做生活中的朋友。

"三苏"故居

这里我们提到苏轼租用民房栖身，想必宋朝也有很多名人曾经为住房发过愁。

在宋代，自京都到各地州府，都设有楼店务作为主管国有房产和邸店的行政部门，负责出租及修造事宜，相当于我们现在的房管局。官员在京都任职又没有家亲眷属的人，包括宰执大臣在内，都在楼店务租房子住。

北宋初年有个大学士叫陶穀，他亲眼见过老百姓的住房是多么紧张。"四邻局塞，半空架版，叠垛箱笼，分寝儿女。"就是说房子太小，就在房子天花板和地板的中间加一层，隔成小复式。卧室太小，放不下床，就把箱子柜子什么的拼起来，让孩子们睡。这种一家三代挤一个小房子的居住生活，跟电视剧《蜗居》里出现的场景差不多。

宋朝江浙一带也出现过房奴，有个叫张仲文的宋朝人写了一本书，书名叫《白獭髓》，这本书里描写房奴生活："妻孥皆衣蔽跣足……夜则赁被而居。"存款和借来的钱都砸到房子上了，只能节衣缩食地还债，不但老婆孩子身上没一件好衣服，连被子都是租人家的用。

朝廷还规定，官员搬出公房时不得带走任何公家用品，即使贵为宰相，也要遵守这个条例。苏轼和弟弟苏辙一家从蜗居到房奴的买房经历，最能反映当时官员们住房的窘状。我们现在的社会，像苏轼这个级别的官员，如果说手里没有几套房子的，实在会令人难以置信。

苏东坡一辈子买了好几套房子，但是没有一套是在首都开封买的。后来他儿子在开封结婚，没有新房，老苏很着急，借了一个朋友的房子，才算把喜事办了。

他弟弟苏辙，在眉山老家旧宅里住了18年，嘉元年进京。等到他和苏轼考中进士，爸爸苏洵也做了十来年的官，在京城却没能置上房子，任由兄弟俩借住公署。后来苏辙、苏轼的妻子和孩子也来到京城，加上丫环保姆，一家老小几十口，公署里住不下，苏洵才去租了一处宅院。

苏洵带苏辙移居河南杞县，也是租的房子；一年后，苏洵带苏辙回京闲居，还是租的房子；直到治平三年苏洵病故，除了眉山老宅，苏洵没有给儿孙留下一处房产、一块土地。

父亲过世后，苏辙守孝3年，再到京城做官，已经31岁，该自立门户了。然而他的运气似乎不大好，熙宁元年单位分房，他在家守孝，没赶上；熙宁三年皇帝赐宅，他去了河南淮阳抓教育，还是没赶上。眼睁睁着朋友李遵度在洛阳买地建别墅，王巩在扬州扩建住宅，苏辙心里难过，在诗中感慨道："恨无二项田，伴公老蓬莱。"苏辙下放南京时，王安石也在南京并早已置地买房，"以为终老之计"，苏辙见了，免不了再次感慨一番——此时苏辙已经56岁了。

元符三年，苏辙回河南许昌定居后，狠狠心拿出攒了大半生的工资，卖掉一批藏书，花了几年时间，陆续买下"卞氏宅""东邻园""南园竹"，又改建、扩建，置了一处百余间的大院落，安顿下全家老小。不过心愿满足了，他一生的积蓄也耗尽了，"盎中粟将尽，橐中金亦殚"，于是又自责"我老不自量"，到了这把年纪还来做房奴。

可见，文人也有文人的悲哀。

曹雪芹喝酒没钱押佩刀

看过《红楼梦》的人一定会被书中描写的那些酒筵场面和醉人的场景所感染,心想:那个写此书的人,也一定是贪恋杯中之物的人吧,没错,写《红楼梦》的曹雪芹的确是个爱喝酒的人,而且与酒有关的故事颇令人称奇。

少年时代的曹雪芹才华出众,能诗能文,绘画也很有名气。

有人请他到皇宫书院里当画师,收入丰厚。但曹雪芹穷而有志,宁肯过苦日子,也不愿去侍候达官贵人。后来他在一所贵族子弟学校任职。在这里他结识了敦诚、敦敏兄弟,成了终生的好友。

曹雪芹塑像

27

当时，曹雪芹在宗学里当差，敦诚、敦敏两兄弟在宗学里学习，由于双方的遭遇相仿，脾气、爱好相投，逐渐成为知己。曹雪芹与他们相聚很多，但最有意思并传为佳话的是"佩刀质酒"的故事。

乾隆二十七年秋末，曹雪芹从山村来北京城探访敦敏。由于心事重重，一晚上都睡不好，很早就起床了。偏偏那天天气变了，从夜里就淅淅沥沥下起冷雨来，寒气逼人。曹雪芹衣裳单薄，肚里无食，冷得瑟瑟发抖。嗜酒如命的他，这时什么都不想要，只想喝一斤热酒暖暖肠胃。但时间尚早，主人家这时上下都还在梦乡。

翻来覆去辗转间，恰巧有个人披衣戴笠而至，一看竟是好友敦诚。敦诚大概也是在这样糟糕的天气里难以排遣，就凌晨冒雨来找哥哥敦敏的。看到曹雪芹，敦诚惊喜不已。他们没讲几句话，就彼此心照不宣地起身，一同悄悄地到附近的小酒店买酒畅饮去了。

曹雪芹几杯落肚，立马精神焕发，高谈阔论起来。酒喝完了，两人一摸口袋，囊中空空。于是敦诚解下佩刀说："这刀虽明似秋霜，可是把它变卖了，还买不了一头牛种田；拿它去临阵杀敌，又没有咱们的份儿，还不如将它作抵押，润润我们的嗓子。"曹雪芹听了连说"痛快"！之后敦诚作了一首《佩刀质酒歌》，记录下了这段偶遇："碧水青山曲径遐，薜萝门巷足烟霞。寻诗人去留僧舍，卖画钱来付酒家。燕市哭歌悲遇合，秦淮风月亿繁华。新愁旧恨知多少，一醉酕醄白眼斜。"

曹雪芹嗜酒健谈，性情高傲，他卖画挣得的钱，除了维持一家"食粥"以外，就是去买酒喝，或者还酒债。晚年，曹雪芹在城里也没有立足之地了，便搬到香山卧佛寺附近的一个山村里居住，过着十分贫困的生活。

敦诚、敦敏的诗里说他和妻子、儿子一家三口常常喝粥。曹雪芹爱喝酒，却没钱买，于是便赊酒喝，待卖了画再还钱。中国古代的文学家中，生活清贫的也不少见，但苦到曹雪芹这步田地的，实在不多。

但是，即便在这样艰辛的条件下，曹雪芹仍然坚持写作《红楼梦》。大约乾隆二十八年的秋天，他的儿子因得痘疹死了。曹雪芹十分哀伤。不久，他自己也贫病交加，无钱医治，竟在除夕这一天，当别人欢欢喜喜过新年的时候，他却悄然离开了人世。

然而，他以"字字看来皆是血，十年辛苦不寻常"的精神，创作了鸿篇巨著《红楼梦》，为他在文学史上树立了一座不朽的丰碑。

曹雪芹故居

讨厌拍马屁的王安石

王安石是北宋年间的宰相，又是文学家。有关他的名字还有个有趣的由来。

相传王安石的祖父病重，王安石的父亲想待他百年后葬在一块风水好、有龙脉的地方，但始终没有找到。有一天，王安石的父亲找来一位地仙帮看风水。这个地仙在下马山连看了三年，都没看准。

山上有一个靠打柴为生的樵夫，每天都见地仙在山上转来转去，感到很奇怪，问地仙，地仙说是玩一玩。这样地仙三年都在山上转。有一天樵夫又问地仙："老人家，你长年在山上看，到底看什么？"

这时地仙实在没办法，就跟樵夫说："远看这山确有龙脉，到近处看，怎么也找不到。"樵夫听后手一指："不用看，那棵大树下就是龙脉。"地仙看好后，立即告诉王安石的父亲。王安石的父亲按照地仙说的，在大树底下挖了一个坑。这个坑奇怪得很，大小刚刚能放下棺材，坑的周围都是石头。

安葬了王安石的祖父后，王安石的父亲就给儿子取名王安石。传说这就是王安石名字的来历。

博学多识、富有改革精神的王安石因提出变法主张，深受宋神宗信任，先任参知政事，即副宰相，一年后又升任同中书门下平章事。看上其权势想升官发财的人，对王安石极尽阿谀奉承之能事，然而由于王安石鄙视这些人，他们都没有捞到任何好处，到头来他们的梦想成了泡影。

有一个叫李师中的官员，原来政见与王安石不合，等到王安石权势渐大，李师中就在舒州花巨资让能工巧匠建了一座豪华的亭子，取名为"傅宕亭"。

因为王安石曾在舒州做过官，后来又被封为舒国公。李师中这样做，是把王安石比作商朝国王武丁时期治国有方的良相傅说，对王安石可谓推崇备至了。

王安石塑像

还有一个叫吴孝宗的官员，曾经极力诋毁新法，可是过了不久，他一反常态来了个一百八十度的大转弯，写了《巷议》十篇，呈送给王安石，内容是他编造的，说是街巷之间的百姓都在议论新法的好处。王安石不为所动，根本不理这一套，认为这些人反复无常，对他们极其鄙视。

当时，还有邵阳武冈县令郭祥正，为了官职升迁，他向神宗皇帝上奏章，对王安石大加颂扬，极尽溜须拍马之能事，并乞请天下大事听任王安石处理。

一天，宋神宗问王安石："你认识郭祥正吗？这个人才似乎不错。"

王安石说："我在江东时认识他，这个人口才像纵横家，而行为轻浮浅薄，是个不可委以重任的人。"王安石接着问神宗："皇上，是不是有人举荐他？"

神宗拿出郭祥正的奏章给王安石看，王安石看后摇摇头笑了，他认为被这样阿谀奉承的人所颂扬，实在是莫大的耻辱。他态度坚决地向宋神宗表明像郭祥正这样的人万不可重用。

在王安石的骨子里有着文人的固执与节操，也正是如此，使得他为官期间清廉秉直，一心为变法呕心沥血。

更令人敬佩的是王安石与宋东坡之间的一段轶闻。

苏东坡与王安石同朝为官，由于政治见解和主张不同，两人逐渐疏远，最后到王安石晚年，他们为各自的政见闹得水火不容。王安石改革每推进一步，苏东坡都要写诗文相讥讽，弄得王安石十分恼怒，也得罪了不少朝中大臣。

元丰初年，那些嫉恨苏东坡的人抓住他写诗讥讽朝廷的事奏了他一本。神宗看了，十分震怒，派人把苏东坡抓来投进了大狱。苏东坡很清楚这次是凶多吉少，难免一死。

再说王安石，罢相后早已退隐山林，所以不知苏东坡入狱的消息，等这场轰动朝廷的"乌台诗案"传到江宁时，苏东坡的罪名已定。想起国家多难，人才难得，王安石连夜写信派人飞马进京给神宗皇帝。信中说，哪有国家正在用人之际，反而为些小文字

历史的天空

历史上的奇人奇事

惹的麻烦去杀那有学问才华的士子？

宋神宗是个有作为的皇帝，曾任用王安石做宰相推行变法。王安石虽然早已退隐，但神宗对他还是十分敬重。神宗看信后，思之再三，觉得很有道理，便下旨将苏东坡放了，贬到一个偏僻的地方去做小官。从此，"王安石一言救东坡"的事，便成为历史上"文人相亲"的一段美谈。

王安石纪念馆

宋祁写诗抱得美人归

　　宋祁是北宋著名的文学家。与其兄宋郊并有文名,时称"二宋"。史书记载,宋祁长得挺拔俊俏、英姿勃发,越看越像神仙中人。

　　宋祁做官有自己的一套,他从不参加任何派别,和晏殊的为官风格比较接近。但无论是在他主持的财政、建设项目上,还是在政治、文化工作中,都成绩斐然。虽然他风流倜傥、仕途却因此波澜不惊、顺风顺水。而且,他的文采老早就被广为传播,可谓人尽皆知。

　　可惜的是有关他的诗仅有7首留了下来。最著名的就是那句"红杏枝头春意闹",他也因此获得了一个"红杏尚书"的封号。

　　传说,宋祁的母亲在怀孕的时候,梦见一个红衣仙人送给她一部文选,所以,后来当宋祁出生的时候,大家都叫他选哥。少年时代的宋祁生活相当的贫困,和外祖父母生活在一起,过着数米下锅,借书而读的凄凉日子。但是,贫困的生活没有影响到宋氏哥俩的刻苦读书,他们天资聪颖,很快名噪一时。

到了高考的年龄，小哥俩一路过关斩将，取得了优秀的成绩，宋祁排名第一，哥哥排第三，但当时北宋的宋仁宗年纪尚小，就由养母刘太后垂帘听政，这个刘太后固执地认为哥哥的名次不能排在弟弟后面，而且要是录取也不能同时录取两个亲兄弟啊，这样会被天下人质疑的。

于是乎，就在这个刘太后荒谬的理论中，宋祁的哥哥被定为状元，宋祁呢就排在了第十。即便这样的欲盖弥彰，也没阻挡得了后人传送宋氏兄弟"一门双状元"成为佳话。

纵观整个大宋历史，兄弟俩同科进士的不乏其人。但是名垂千古的，也只有苏轼和苏辙兄弟、曾巩和曾布兄弟、蔡京和蔡卞、宋郊和宋祁兄弟而已。但是能够同时名列一甲前三名的，也只有宋郊和宋祁兄弟。

在日常生活中，宋祁是一个典型的享乐主义者。他风流倜傥，又喜好声色，天天过着花天酒地而不知疲倦的生活。宋祁在和欧阳修编一起编撰《新唐书》

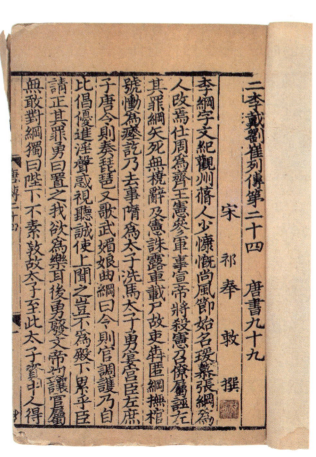

宋祁作品

时，每晚在宴席散了之后，先洗盥完毕，让人把寝室的大门打开，放下帘幕，点燃两根巨烛，众多婢女丫环围绕四周侍候着，宛若神仙下凡。

有一年的一个大雪天，宋祁又燃巨烛垂重帘，突然，他停下来问身边的众姬："你们以前在别人家的侍候，见过像我这样清雅脱俗的主人吗？"一女子回答说："我以前的主人哪里比得您学识高雅，只不过是围着火炉欣赏歌舞，喝酒取乐罢了。"

宋祁听了十分赞许地说："其实这样也不错啊！"于是搁下笔来，传来酒菜，接着又是饮酒为欢，歌舞为伴，通宵乃止。

宋祁不但生活奢侈豪华，而且家中妻妾众多也是出了名的。一次外出赴宴。在喝酒的时候，他突然感觉到天气寒冷，就命令仆人回家中给他取一件马甲御寒。谁知他家中的妻妾们每人都让这位仆人给他带去一件马甲，这个仆人一下子就带回来十几马甲。这下宋祁可犯难了，他担心穿哪一件妻妾送的马甲，都会引起其他的妻妾吃醋。于是干脆一件也没用穿，只得挨着冻回家了。

一天，宋祁在汴京城的某大街上行走，迎面遇上了一队皇宫里的车马，碰上这样的车队，官员、百姓都会闪在路旁回避的，宋祁也往路边避让。但其中一辆官车突然揭开了车帘，露出一位宫女的脸来，这位美女可能情不自禁，叫了一声："啊！这不是小宋吗？"

宋祁听见了，没准还看见了那位宫女的脸，回家后便写下了那首流传至今的《鹧鸪天》。不久，这首词连同宋祁街头偶遇的故事，流传进了皇宫，仁宗皇帝也听说了，出于好奇等复杂心理，欠儿欠儿地派人查出了这位宫女。

历史的天空

历史上的奇人奇事

宋祁浮雕像

《花庵词选》更是添油加醋地记载道：仁宗皇帝知道这事后，"问内人第几车子，何人呼小宋？有内人自陈：顷侍御宴，见宣翰林学士，左右内臣曰，小宋也。时在车子偶见之，呼一声尔"。

仁宗皇帝于是召宋祁入宫，设宴喝酒，宴会上，皇帝不露声色地安排人演唱了这首《鹧鸪天》："画毂雕鞍狭路逢，一声肠断绣帘中。身无彩凤双飞翼，心有灵犀一点通。金作屋，玉为笼，车如流水马游龙。刘郎已恨蓬山远，更隔蓬山几万重。"

在宋祁如临深渊、下跪请罪时，皇帝却用词中句子调侃："蓬山确实很远，但今天离你很近啊。"下旨将那位宫女赐给了宋祁。用现代人眼光看来，仁宗皇帝是多么地有人情味啊！

可是有人情味的宋仁宗在位期间并没重用过宋祁，一是宋祁的生活过于张扬与奢华过于高调，再一个就是他的所作所为被当时的包拯所看不惯，一旦有提升或被重用的机会，都被包黑子给挡了过去。

所以，宋祁实际上并不得志，只是浪得虚名，可搞笑的是，这些提升的机会都被其兄长宋郊所得，或许从一开始哥哥占了他的状元命开始，就注定了被取代的命运了。

古人面试有奇招

　　面试不仅是一个部门挑选员工的一种重要方法，还是应试者的知识、能力、经验等素质表露的最好时机，因此自古至今，不论主考方还是应试方都对面试非常重视。而一些古人的面试遭遇，也印证了面试能影响一个人命运走向的重要作用。

　　最主动的面试是姜子牙的创意。姜子牙大半生穷困潦倒，80多岁时老婆又和他离了婚。得知文王姬昌正在广揽人才的消息后，才离开商朝，不辞劳苦地来到周的领地渭水之滨，主动向应试方靠拢。到渭水后，先是在提高自己的知名度上下了工夫，把"渭水河边有个钓鱼的穷老头能断人生死"宣传得家喻户晓。之后又玩起了行为艺术——用直钩钓鱼，上面不挂鱼饵，且离水面三尺高。这种奇特的钓鱼方法，终于惊动了姬昌。

　　在先后派出士兵和官员邀请被拒后，姬昌这才意识到，这个钓者必是位满腹韬略、高瞻远瞩的高人。于是吃了三天素，然后带着厚礼，兴师动众地亲自前去诚心聘请，并当即委以重任。让面试本末倒置，把用人单位当猴耍，姜子牙当属第一人。

　　最坎坷的面试要数孔子的经历了。博学好礼的孔子在20多岁时就有了远大的政治报负，此后在鲁国担任司寇多年，55岁时,得不到重用的他带着学生周游当时的许多国家,希望能够得到重用,同时也便于推行儒家的政治主张。可惜他宣传的"施仁政"等主张,在穷兵黩武的诸侯王们的眼中简直就是一堆破烂,并没有太大的用处。因此,孔子先后到卫、曹、宋、郑、陈、楚等列国面试多次,不但没有得到重用,还几次身陷绝境,差点丢了性命。

主动送上门的面试要数毛遂了。毛遂是战国时赵公子平原君赵胜的门客,属于最不起眼的那种,长平之战后的第二年,秦国趁胜围攻赵国都城邯郸,赵国君慌了手脚,找平原君问计,平原君说只有求救于楚国。可是说归说,平原君心里也没谱,要说服楚国发兵谈何容易,回家便与门客商议,这时毛遂站起来说:毛遂不才愿意前往。平原君门客多了去了,根本没注意过毛遂,便有意试探:先生在我门下几年了?

毛遂回答道:已有三年,平原君冷笑道:我听说有才能的人不管到什么地方,他的才能就像锥子放在口袋里一样,针尖马上就会破头而出,先生在我这待了3年,却没什么举动,你还是算了吧。这话其实够伤人的,可是人家毛遂并不介意,从容地说:问题是你一直没有把我放在口袋里,要不然我的才能早已像锥子一样全部露出来了,岂止是露个尖呀。平原君一听,这人脑子反应够快的,就答应了。

毛遂出使楚国,唇枪舌剑,豪气冲天,终于促成楚、赵合纵,避免了一场杀人屠城的惨剧。毛遂也因此声威大震,

毛遂塑像

并获得了"三寸之舌,强于百万之师"的美誉。

最尴尬的面试由孟浩然一手导演。《唐才子传》记载:孟浩然40岁时游长安,跟王维结为好友。一天,王维私邀他进入内署,正巧碰到唐玄宗驾临。遇到皇帝,本是天上掉馅饼一样的面试良机,可惜孟浩然不知把握,竟惊慌地躲避到床下。

王维不敢隐瞒,据实汇报。玄宗命出见后,孟浩然本该好好展示一下自己的才华,可惜他又晕头胀脑地选错了作品:"不才明主弃,多病故人疏。"

这句诗让唐玄宗龙心不悦:"你不想当官,反倒打一耙,说我不用你,真会诬陷人!"于是对他置之不理。因自煞风景,孟浩然不仅错失了最佳的面试机会,还把自己弄了个灰头土脸。

最独特的面试落到了曾国藩的头上。一天,曾国藩在家读书,突然咸丰皇帝让他进宫见驾。穿戴整齐的曾国藩进宫后,被太监带到一个花园的亭子里静候。时值盛夏,曾国藩站着等了一下午,汗透衣襟,也没有见到皇帝。

傍晚突然来了个太监,莫名其妙地把他打发回家了。一头雾水的曾国藩只好找到师傅,问是福是祸。师傅沉吟半晌问他:"亭子上的对联写的什么?"曾国藩说:因慌乱没顾上看。师傅听了马上催促他:"快找个太监,给几百两银子,让他给你抄出来,准没错!"曾国藩照办。

第二天上朝,咸丰皇帝果然问曾国藩那亭子上的对联寓意如何。因准备充分,曾国藩对答如流,令皇上龙心大悦,当即任命他为外省巡抚,赏双眼花翎。原来在亭子里静候时,皇上对他的面试就已经开始了。

历史的天空

历史上的奇人奇事

古代文人的另类养生

古人讲究养生，强调养成良好的生活习惯，保证充分的睡眠。睡眠是对大脑神经细胞的保护，也是肌体休息最好的方式之一。

宋代诗人苏东坡把梳头作为养生之道，诗曰："羽虫见月争翾翻，我亦散发虚明轩。千梳冷快肌骨醒，风露气入霜蓬根。"诗

人在皎洁的月光下，站在空旷的轩阁之中，散开长发，频频梳理，将自己梳发健身的情景表现得淋漓尽致。

曾国藩不论多忙，每天念念不忘的是以热水泡脚。洗脚按摩能促进各相关脏腑气

苏东坡塑像

血运动,加速全身血液循环,起到强健身体延年益寿的作用。

南宋理学家朱熹崇尚朴素简单的饮食。传朱熹某日到女婿家,女婿和女儿招待他的只是一锅葱汤及半锅麦饭,于是女婿一再向岳父大人表示歉意。朱熹反倒即兴吟诗一首:"葱汤麦饭两相宜,葱补丹田麦疗饥,莫谓此中滋味薄,前村还有未炊时。"

南宋大诗人陆游其养生方法是注重睡眠,他晚间读书一般以二更鼓尽为限度。睡眠是消除生理疲劳和精神疲劳的最好方法。经常熬夜,必然头晕脑胀,不仅妨碍记忆、思维能力,而且影响人的寿命。陆游睡觉前经常用热水洗脚,他在《剑南诗稿》中诗中写道:"老人不复事农桑,点数鸡啄亦未忘。洗脚上床真是快,稚孙渐长解烧汤。"

宋代文人沈存中说过:"衣服勤洗浣,以香沾之,身数沐浴……则神安道胜也。"《礼记·内则》也提出"五日则汤清浴,三日具沐"的要求,都是说沐浴对身体的好处。

李清照的养生、长寿得助于她自幼喜郊游,并为多种技艺的爱好者。由于喜欢户外活动,常常接触大自然,除了筋骨得到

李清照塑像

锻炼以外,也养成一种豁达、豪放的性格。晚年的李清照,虽生活在国破家亡的境况中,但由于她自幼养成的豁达大方的素质,使她以一弱女子而能经受风霜雨雪、天灾人祸的打击,而意志却更坚强,得到古稀之寿。

袁枚是中国清代中叶的著名文学家,他从青少年时代就热爱大自然,常在风光秀丽之处构思诗文。中年之后脱离官场,过着逍遥自在的生活,游山玩水达40年之久。70岁还从安徽、江西,到广东、广西、湖南游了一大圈,途经风景胜地黄山、庐山、罗浮山、桂林、洞庭湖,一路寻幽访胜。

袁枚80岁时仍然能徒步登山,步履稳健。清代学者为其80大寿写的两句贺词是:"八十精神胜少年,登山足健踏云烟"。加上他心情怡静,乐观无忧,使他享有82岁的高龄。

元朝名画家倪瓒,在年高体弱无力外出的情况下,将自己喜爱的山水画贴于居室四壁,足不出户,卧而赏之。为此他还在《促顾赟见访》诗中说:"一畦杞菊为供具,满壁江山作卧游。"也可见他对游山玩水的推崇。

北宋名家程颢诗云:"云淡风轻近午天,傍花随柳过前川;时人不识余心乐,将谓偷闲学少年。"他认为老年人生活应当和青少年一样丰富多彩,以愉悦身心,欢度晚年。

东晋陶渊明《饮酒》诗云:"结庐在人境,而无车马喧。问君何能尔,心远地自偏。"这首典型的养神诗,物与心融,境与意会,情趣横生。真是心中有事世间小,心中无事一床宽。这正如无门禅师所说:"春有百花秋有月,夏有凉风冬有雪;若无闲事挂心头,便是人间好时节。"

梅花既是著名观赏花木,又是一味良药,药用以白梅为主,有"除烦安神、止渴生津、疏肝解郁、理气和胃"之功用。杨万里最喜欢用鲜梅花蘸蜜食用，并留下不朽的诗篇，其中《庆长叔招饮》诗云："南烹北果聚君家，象箸水盘物物佳。只有蔗霜分不开，老夫自要嚼梅花。"

明代诗人高濂闲时喜欢布置好自己的庭院，在庭院里栽花种草、饲鸟养鱼，环境清雅，用来调节生活节奏，陶冶性情，他曾著《燕闲清赏笺》，把鉴赏清玩作为养生的一项重要内容。

魏晋时期最杰出的文学家、思想家和音乐家嵇康，一生崇尚老庄，讲求养生服食之道。他的《养生论》是中国养生学史上第一篇较全面、较系统的养生专论，后世养生大家如陶弘景、孙思邈等对他的养生思想都有借鉴。

锻炼使书圣寿至古稀。颜真卿从小喜爱体育运动，公元784年，正当颜真卿75岁诞辰，亲友们纷纷前来祝贺，他非常高兴，不仅给人们表演了书法，也表演了体操绝技。

他先叫家人搬来两张太师椅，立身在两椅的中间，用两手握着椅背，连续做了百余下屈臂撑。接着又叫家人抬过一张空床，他用双手按着床的东南角，两脚用力一蹬，身体轻快跃过床，这跳马表演他重复做了五、六次。

随后，他用一张宽约3尺余的席子将自己的身体围起来，直立地上，说道："看我跳出去！"只见他两手稍为一按，双脚顺到用力一蹬，早已飞身跳出高达3尺余的席子，轻巧地双脚落地，颜真卿坚持锻炼，直至古稀之年仍体魄强健，技巧超人。

古代文人爱折柳送别

都说送人玫瑰，手留余香，而在古代，送别时却赠对方柳枝。折柳赠别始于汉朝，也是中国流传很久的送别习俗。

"折柳"一词寓含"惜别怀远"之意。在中国的古代，亲朋好友一旦分离，送行者总要折一支柳条赠给远行者。古时柳树又称小杨或杨柳，因"柳"与"留"谐音，可以表示挽留之意。离别赠柳表示难分难离、不忍相别、恋恋不舍的心意。

隋朝的《送别》诗这样写道："杨柳

垂柳

青青着地重,杨花漫漫搅天飞,柳条折尽花飞尽,借问行人归不归。"对折柳赠别之情作了淋漓尽致地描写。

据《唐诗纪事》记载:"雍陶有一次送别故旧,行至灞桥,问随从曰:'此桥为何称情尽桥?'随从道:'因送别到此为止点,故称之情尽桥'。雍陶有感惜别之情:'从来只有情难尽,何事名为情尽桥,自此改名为折柳,任它离恨一条条'。"这就是脍炙人口的《折柳桥》。

古代长安灞桥两岸,十里长堤,一步一柳,由长安东去的人多到此地惜别,折柳枝赠别亲人。白居易《青门柳》"为近都门多送别,长条折尽减春风。"

鱼玄机《折杨柳》"朝朝送别泣花钿,折尽春风杨柳烟。""折柳赠别"蕴含着一种对友人"春常在"的美好祝愿,也喻意亲人离别家乡正如离枝的柳条,希望他到新的地方,能很快地生根发芽,好像柳枝之随处可活。

人们离别时折柳相送,在思念亲人、怀念故友时也会折柳寄情。"折柳"一词也寓含"怀远"之意。张九龄"纤纤折杨柳,持此寄情人";李白"攀条折春色,远寄龙庭前";李白《宣城送刘副使入秦》"无令长相思,折断杨柳枝。"李白的《春夜洛城闻笛》:"谁家玉笛暗飞声,散入春风满洛城。此夜曲中闻折柳,何人不起故园情?"

折柳赠别,包含着多少离愁别绪,寄托着多少深情厚谊,《坚瓠广集》所载:"送行之人岂无他枝可折而必于柳者,非渭津亭所便,亦以人之去乡正如木之离土,望其随处皆安,一如柳之随地可活,为之祝愿耳。"

李白《劳劳亭》是一首遣兴之作,并不是真的因为去劳劳亭送别友人才写的诗，所以诗中当然也就没有送别的具体场景。劳劳亭据说始建于三国东吴时期，是古时送别之所。李白对这个地方很感兴趣，还曾写过一首古体的《劳劳亭歌》，诗中唱到："金陵劳劳送客堂，蔓草离离生道旁。古情不尽东流水，此地悲风愁白杨。"

可见劳劳亭建在大道之旁，流水之畔，行客至此，或登车，或上船，挥手告别，很是方便。不过李白这天来到此地，却不为送客，而信马由缰，游玩流连，神使鬼差地来到了这个久负盛名的送客"劳劳亭"，看到这间古往今来送走了无数游子的所在，李白忍不住手痒，提笔写下了"天下伤心处，劳劳送客亭。"

离别最是伤心事，历来文人最关情，屈原有"悲莫悲兮生别

李白雕像

离"的感叹，江淹则写下"黯然 销魂者，唯别而已矣"这一不知打动多少迁客骚人的千古名句。

不过，李白并不想再写前人写过的老套，只不过是好似轻描淡写地说了一句天下最伤心的地方，就是送客的劳劳亭了，这联诗一笔两到，既表明了作为一个长年浪迹他乡的游子对离别的深切体会，又巧妙地提到，劳劳亭无疑又是送往迎来之中最著名的地方了。

但李白很快就找到了一个别人意想不到的切入点，他环望四周的景色，当时正值早春二月，江南虽说春早，但是身边还看不到一丝春意，连柳条也没有泛青。

没想到，正是这不见春意的柳枝，唤醒了李白的创作灵感，一句谁也未曾想到的佳句，在刹那间，就跳了出来，"春风知别苦，不遣柳条青。"

我们不能不佩服李白这种过人的联想，古人有折柳枝以赠行者的风俗，所以在唐诗中是很常见的题材，如盛唐王之涣的《送别》诗就是一例，"杨柳东风树，青青夹御河。近来攀折苦，应为别离多。"

同是伤心，李白却从寻常景物中发掘出了令人意想不到的闪光点，明明是春风未绿江南岸之际，却被他写得有情有义，原来春风就是怕行人太伤心，才没有把柳条吹绿，这看似无理的拟人写法，却更加丰富了人间的离情别恨。折柳送别真是即环保又寓意深远啊！

历史的天空

历史上的奇人奇事

古代文人薪水有多少

　　古代文人的薪水到底有多少,史书中基本没有详尽的记载,有的只是很笼统地概述,在《容斋随笔》中认为唐代官员的工资其实不高,白居易的收入,应该说是微薄的。古代也没有什么粮补啊、菜补啊、独生子女费啊,或者国家特殊津贴,或者哪家文学杂志的高额稿酬,但就这点儿工资,文人还是很满足的,主要是他们对物质生活的要求并不高。

　　能在文字中体现古人薪水多少当属白居易了,他的每一次

白居易塑像

49

职务的变化和薪水的浮动,他都有明确的记录,并且完全是一副很知足的口吻。

白居易为校书郎时,"月给亦有余。"不久,升左拾遗,工资增加了一倍,"月惭谏纸二千张,岁愧俸钱三十万"。这二千张谏纸,纯系诗人为了三十万俸钱的对仗而虚拟的了。

为苏州刺史时,好像油水更充足一点了。"十万户州尤觉贵,二千石禄敢言贫"。随后,白居易调进中央政权机关,为太子宾客,分司洛阳时,工资已是他参加工作时的十倍。"俸钱八九万,给受无虚月"。接着,升为太子少傅,工资达到他一生的最高程度,而且工作还相当清闲自在。"月俸百千官二品,朝廷雇我作闲人"。

一直到了晚年,退居林下,回到洛阳履道里他的大宅子颐养天年,还能领到百分之五十的养老金,也就很不错了。从二十几岁参加工作时的月薪一万六千,到七十五岁吃劳保时的五十千,看来唐代的通货膨胀情况,还说得过去。

从苏轼羡慕白居易的诗"我似乐天君记取,华颠赏遍洛阳春"可以看出,即使如洪迈所称的清贫,诗人仍拥有这样的兴致和乐趣,使一生颠沛流离的苏东坡向往不已。这证明诗人的工资收入相当可观,才能过上优越的生活。

古代文人虽然大部分是贫穷的,但有钱的文人毕竟还是有的,但古代文人的钱是哪里来的?他们赚钱的方法不多,大体有这么几种,一是基本工资;二是稿费;三是舞文弄墨之余做生意;四是收弟子,弟子多了自己也就有钱了。

历史上记载最早的索要稿酬的人是陈寿,有人请陈寿为其父立传。陈寿说:"可觅千斛米见与,当为尊公作佳传。"一篇传记

陈寿开价千斛米。这位老先生开口要米的勇气可嘉,开了一代索取润笔的风气之先。

清代的郑板桥晚年所写就的妙文《板桥润格》,更是对自己作品的润笔明码标价,他自定润笔费标准、拒收礼物,且作诗说:画竹多于买竹钱,纸高六尺纸三千,任渠话旧任交接,只当秋风过耳边。其六亲不认,只认现银的姿态确实是惊世骇俗的。

韩愈赚的一般是死人钱,他写的最著名的《师说》,要价五十万钱。他写《平淮西碑》,得到将军韩弘赠绢五百匹;给国舅王用作碑文,受赠白马一匹、白玉腰带一条。这笔钱当时可以买八百石米,够一百人吃一年的。

按《中国物价史》所记唐朝开元盛世时物价,当时一斗米约有 13 斤。如果假设现在买 13 斤普通大米,大概需要 26 元,买 7690 斗则需要 199940 元。也就是说,韩愈写《平淮西碑》就拿了

古代钱币

近 20 万元稿费。此碑文只有 1505 个字，换言之，每个字至少 132 元。

司马相如一篇《长门赋》得黄金百斤。按现在的金价每克一百六十元计算，就相当于得到了八百万元人民币。绝对的天价。

曾任北海太守的唐代书法家李邕，朝廷中的达官贵人和各地寺庙，纷纷拿着金钱请他写文章。李邕一生好尚义气，爱惜英才，常用这些家资来拯救孤苦。《新唐书》说，自古以来，因写文章获钱财之多，没人可以比得上李邕。

子贡是孔子的著名弟子，此人深具经商头脑，前面所说的文人稿费再高也是有限，而子贡是自己做生意发的家，和领稿费的文人们不可同日而语。他采取"物贱则买而贮存，物贵则售以获利"的办法，成了当时很有名的一个大富翁。后来，人们常用"陶朱事业，端木生涯"来形容商人事业或作为经商活动的代名词。子贡居然能和大名鼎鼎的古往今来第一有钱人陶朱公相提并论，可见他不是一般的富有了。

子贡不但有钱，而且还宣扬了老师孔子的名声，他自己也很了不起，号称是"纵横家"的鼻祖。又有钱又有名，可谓"名声大震"，堪称古往今来第一有钱的文人。

在中国的宋代，官员的工资最为优厚，是汉代的 10 倍，清代的 6 倍。除俸钱外，还有禄米，因此宋代大小官员大都锦衣美食，生活奢华。宋真宗曾首次大幅度给官员们加薪，到了嘉祐年间，宋仁宗又正式制定"禄令"，宰相、枢密使月俸三百贯，据当时每石米价约六七百文到一贯文折算，得出宰相的月薪相当于现在的 9 万元人民币。

古代文人爱植树

植树是中华民族的传统美德,在中国历史上,留下了许多文人骚客的植树趣闻、传说和脍炙人口的诗句。

陶渊明生平最爱植柳树,他不仅在隐居的田园水边广植柳树,还在房前栽了五棵柳树,自号"五柳先生"。他赋诗咏道:"榆柳荫后园,桃李罗堂前","开荒南野际,守拙归田园"。从这些传世佳句中可见诗人终身爱柳宗元柳,所以世人称他为"柳痴"。

唐代植树蔚然成风,许多诗人对植树绿化多有描绘。从李白

绿树成荫

的"咸阳二三月,宫柳黄金枝",韩愈的"最是一年春光好,绝胜烟柳满皇都",孟浩然的"绿树村边合,青山郭外斜",王之涣的"杨柳东风树,青青夹御河"等名句中,可领略到当时植树的文化韵味。

诗圣杜甫不仅写下了许多赞颂树木花草的诗句,而且身体力行植树种花。杜甫喜爱植竹栽桃,他在成都百花潭水筑草堂时,以诗代礼,多次向四方友人索取树苗花苗。索来树苗,他就栽在草堂周围,经过苦心经营,草堂绿树成荫。

柳宗元堪称"植树模范",他尤其爱种柳,任柳州刺史时,他带领百姓在柳江西岸大面积种植柳树,在《种树郭橐驼传》中把植树要领概括为:"凡植木之性,其本欲舒,其培欲平,其土欲故,其筑欲密",可谓植树行家之言。

白居易堪称"种树迷",他做过多处地方官,他官做到哪里,树就种到哪里,每到一处都要栽花种树。任忠州刺史时,他掏钱买花树,并率领童仆等,荷锄在城东坡,挖沟引水,培土栽种了许多桃李杏梅等果树,绿化荒山,改善环境,劳动其中,陶醉其中。

欧阳修也爱种柳树,他任扬州太守时,在平山堂掘土种植柳树,他在一首诗中写道:"手植堂前垂柳,别来几度春风。"如今,在扬州大明寺平山堂还有一株"欧公柳"。

苏东坡少年时代爱种松,他在《戏作种松》一诗中咏道:"我昔少年时,种松满东冈,初移一寸根,琐细如插秧"。苏东坡两度出任杭州地方官,筑起长堤,"植芙蓉、杨柳其上,望之如画图",这长堤就是西湖一景的苏堤。他谪居黄州时,筑室东坡,自号"东坡居士",在"东坡雪堂"前广种柳、桑、竹、枣、栗,留有诗句"去年东坡拾瓦砾,自种黄桑三百尺"。他被贬定州时,栽下的两株槐

历史的天空

历史上的奇人奇事

树,如今仍生长在河北定县文庙前院,人称"东坡槐"。

王安石青年时就喜爱植树,他在一首题为《松》的诗中咏道:"我移两松苦不早,岂望见渠身合抱。"他晚年去官隐居于南京紫金山麓,建了名为"半山园"的宅子,在宅子附近栽种了几百棵松、竹和苦楝树,所谓"扶疏三百株,莳楝最高茂",意指苦楝是长得最快的良种树。

辛弃疾曾在带湖新居种树,并写词《水调歌头》:"东岸绿荫少,杨柳更须栽。"唐代诗人杜甫爱桃、竹,他住处附近的景色是"红入桃花嫩,青归柳叶新""平生憩息地,必种数杆竹"。据史料记载,他因战乱流浪四川成都浣花溪时,向驻地熟人要桃树苗,"奉乞桃栽一百根,春前为送浣花村"。就是生动写照。

古人的植树情结,深厚饱满,在古诗里植树,春意盎然,棵棵都是那样的苗壮。栽种绿色,种下了生活的美好,也种下了一年的理想和希望。植树造林,是中华民族的优良传统。

徜徉于诗词之间,我们不难感受到古人那份闲适的情怀以及"前人栽树后人乘凉"的境界。

绿树成荫

很少近视的古代文人

在讲述此章之前,我们先诠释下近视眼的形成原因。近视眼也称短视眼,因为这种眼只能看近不能看远。从无限远处来的平行光经过眼的屈光系折光之后,在视网膜之前集合成焦点,在视网膜上则结成不清楚的像,远视力明显降低,但近视力尚正常。如果有了近视眼的症状,需要配戴眼镜来看清东西矫正视力。

现在随着文化知识越来越显得重要,有近视眼的文人学子也越来越多,即便在城里工人、乡下农民之中,也能看到少数戴近视眼镜的老百姓。然而,在中国古代就很少发现有近视眼的文人学子,更别说普通老百姓了。

究其原因,不外乎以下几个原因。

首先,我们不是埋汰古人,在古代啊,由于文化普及不那么广和深入,所以大部分古代人都不认字,也没多少人读得起书,书香门第毕竟少。只有家庭条件好或有地位的人才读得起书,即便是读书,用在读书上的时间也很少,而那种头悬梁、锥刺股的读书人更是凤毛麟角。

还有,古代又没有什么高级的照明方式,到了晚上基本就很少有看书的了,秉烛夜读,那都是有钱人的消遣。这就决定了古代不存在形成近视眼的大环境。患近视的风险和概率都很低。

还有一点,古代人书写用的可都是毛笔,写的都是大字,即便是小楷什么是,也比如今的钢笔字写的大不是?而且写毛笔字还有个好处,那对坐姿的要求和眼睛距字的距离长度,在客观上都起到了一个防范近视的作用。

古人读的是私塾,没有现在的黑板,老师也不会用什么手书体在黑板上传授的机会,因此不会产生看黑板困难,也就不用想什么办法治近视。加上古代自然科学不发达,那时的学生读的书很少,如没有外语、物理、化学等,数学也只是加减乘除等简单运算,主要是四书五经,一本《论语》要读好几年,没有书读自然不太会近视了。

细想想,古人可真幸福啊,哪里像现在的孩子,放学后还要进课外班和托管班,看完课本还要读指定的必读书籍。

好吧,我们再把目光放到生活方面,古人的生活节奏比较缓慢,每天上下班都以骑马与步行为主,根本不用开车,一双眼睛紧张得紧盯方向盘,根本不用担心什么交通啊,意外啊,所以患近视的危害就小。

古代照明设备——长信宫灯

还有古代也没有专业的眼镜店，也没有对保护眼睛的意识，尽管有时看什么东西都清楚，也就马马虎虎过去，在客观上能防近视度数的加深，所以，近视的危害就不大。还有古人的骑马、射箭等户外活动，都是对眼睛有益的锻炼方式，对眼睛都有预防

古人常用蜡烛照明

近视作用，所以古人的近视非常之少，危害也很小。

当然，古代文人之中的近视眼少，但并不是没有。那么，古人如果有了近视眼的症状是怎么办的呢？毋庸讳言，古人还是有一定数量的近视眼，这从一些史料和笑话中也可以看出。

明代有人作了一首嘲讽近视眼的打油诗，诗中说道："笑君双眼太稀奇，子立身旁问谁是？日透窗棂拿弹子，月移花影拾柴枝。因看画壁磨伤鼻，为锁书箱夹着眉。更有一般堪笑处，吹灯烧破嘴唇皮。"64个字的一首打油诗，将在云山雾罩中过一生的近视眼形象塑造得栩栩如生。

看来，要解决近视眼的问题，只能靠眼镜了。但是，眼镜发明的年代较晚，且应用极少，从整体上看基本没有什么影响，在那个时候绝对是身份的象征。镜片由水晶石、石英、黄玉或紫晶磨制成，材料稀少，价格昂贵，普通老百姓是戴不起的，故而皇帝当作好东西赐给大臣。

古代文人的抄袭之风

　　为什么中国古代有那么多伪作,却一直少被人追究?这与中国文人的"大公无私,甘为人梯"的隐士文化传统,有很大关系。中国古代,有许多真才实学的隐士,他们只管自己沉湎于"大公无私,甘为人梯"的自我欣赏之中,但是,他们却也在有意无意之间助长了社会上的真伪颠倒和弄虚作假的不良风气!

　　比如,魏晋王弼可谓是中国易学和老子注释大家,他在中国历史上的学术地位甚高,但是,谁能够相信24岁就死亡了的王弼有如此高的学养水平?非常明显,魏晋时代,有隐士高人托名王弼竟发表了许多作品,他们以为自己的行为很高尚,却是助长了弄虚作假的社会风气了。

　　也许正是由于这种治学方法的不当,才导致了中国文人好剽窃的重要原因。

　　就先拿司马迁来说吧,司马迁可谓称之为中国文史界人的祖师人物,也在中国文史领域内的威望极高。但是,历史上,司马迁的确是个公认的剽窃大家,这个问题,中国史家是没有疑义的。

　　虽然东汉初期问世的《汉书·司马迁传》已经明确提示了司马迁的《史记》是他剪裁和整编了西汉国家图书馆藏资料中的

《左氏》、《国语》、《世本》、《战国策》、《楚汉春秋》等前人著作,而且,后世史家还考证出了《史记》并非司马迁个人著作,而是还有西汉王朝汉宣帝和汉元帝和汉成帝时代的褚少孙等人相继编撰了《太史公书》的续篇,即使是司马迁自己本人也说了他的著作是继承的自己父亲司马谈的文笔。但是,非常糟糕的是,后世文人,还是坚持说《史记》的唯一作者就是司马迁一个人!

还有董仲舒,他一直是中国儒家文人极端推崇的圣贤之一。董仲舒在《春秋繁露》中的许多观点和说法,几乎都来自于抄袭百家,特别是抄袭《韩非子》的特别多!

比如,今人都说董仲舒创造了天人感应和天人相副之说,其实,天人感应和天人相副之说,早就见于《韩非子》、《黄帝内经》、《淮南子》等。所以后人将董仲舒说成是儒家大师是不妥当的,这就犹如你再怎么仿照某一机器的模样,你的机器的功能还是母本的。所以,董仲舒应该归属于法家。

说起《汉书》,人们都会说其是东汉班固的作品。但是,班固是个剽窃大家,《颜氏家训·文章》中就有"班固盗窃父史"一说。

状元游街雕塑

班固出生在今陕西扶风的一个平民人家，父亲班彪曾经在东汉初期出任过短暂时间的徐县令，后就回家著作汉史。他们父子二人并非学官世家，也没有任何渠道和可能收集到西汉的大量宫廷官方文件。既然如此，那么，白丁出身的班彪、班固父子的《汉书》是怎么著作成的呢？这桩历史天大疑案，曾经被班彪的学生王充揭露过，王充说："司马子长纪黄帝以至孝武，扬雄录宣帝以至哀、平。"

王充一语道破了《汉书》的真正作者是蜀人扬雄的《续太史公书》，也就是说，东汉末期的王莽新朝时代，中散大夫的扬雄就已经著作成功了《续太史公书》，其中，就遗留有大量的西汉宫廷官方文档。这就是说，《汉书》的第一作者是蜀人扬雄，这是有明确史载的，唐朝刘知几的《史通》也对此就明确说法。

试想，既然司马迁、董仲舒、班固等人的剽窃是那么铁证如山，也不影响他们的大文豪和大儒的地位，如此，东汉以降的"文化小偷，文化大盗"也就多如牛毛了！

我们再来拿唐代一个实例为证。唐朝开成年间，李播以尚书比部郎中出任蕲州刺史。一天，一位自称姓李的举人求见，正逢李刺史病得不轻，只好由刺史的子弟代为接见。那时，作者的文章没有报纸杂志发表，就喜欢拿自己的诗文来拜访达官、名士、富户，希望得到达官抬举与赞助。

可李播弟子见了诗卷，大有似曾相识之感，这不是李播写的吗？送走来客，弟子拿出诗文给李播看，李刺史也吃惊不小，说道，这是我应举人考试时做的，只是名字换了。第二天，李刺史叫他儿子去请李秀才，儿子细细地追问:这诗卷真的是你自己作的吗？李秀才惊恐失色，说:这是我刻苦学习，苦思冥想写出来的，完全没有造假抄袭。

刺史儿子接着又问:科举犹如千军万马过独木桥,这是我父亲准备冲独木桥时所作的,连纸张和笔迹都没变,我希望秀才讲实话。那秀才就突然改口说:先前我讲的都是谎话,这是二十年前我在长安城书店里花百钱买来的,没想到是您父亲大人李郎中的佳作。我实在羞愧难当。儿子把这情形对刺史说了,刺史微微一笑,说:"也怪可怜的。"吩咐留他在家,给伙食,就在书房吃吧。

几天后,秀才要投靠别处,来辞行。李刺史又招呼赠绢绸作盘缠,还亲自接见他。见过刺史后,李秀才对这些天给自己的宽容和招待表示感谢,感谢完,又厚着脸向刺史要求,说我拿郎中的诗卷在江淮之间纵横二十年,刺史您如能将您保留的得意之作拿出来,送给我,我以后就会更吃得开了,到哪儿都衣食无忧了。

李播说,我的那些诗作不过是科举的敲门砖,现在我官也做了,这些敲门砖也没有用了,就给你吧。李秀才毫无愧疚地收下放在袖子里藏好。李播又关心地问:李秀才你这要往哪儿发展?李秀才说我马上去江陵去拜望我的表丈卢尚书。李播又问:你那贤表丈任什么职?李秀才回答说:荆南节度使。李播忍不住又问:那他叫什么?李秀才说:卢弘宜。李播拍手大笑:秀才,你又错了,荆门卢尚书,那是我的表丈。

李秀才目瞪口呆,半天才缓过神来:正如郎中您所说的那样,我在外面说荆南节度使是我表丈,是我用来壮门面的。说完狼狈地向刺史告退,李刺史叹了口气,说世间做假能做到这个功夫,一时在蕲州传为笑谈。

文人也遇假冒伪劣产品

古代没有"打假办"，也没有专门抓假冒伪劣产品的组织，但这不代表古人如想象般的那样纯良与淳朴，那时候也有很多奸商通过出售假冒伪劣商品牟利。

在宋代假冒伪劣食品盛行就是很好的佐证。由于宋代经济空前繁荣，《东京梦华录》、《水浒传》等文学作品中，都能看到街道上酒楼林立、商贩如潮的景象描写。一些不法奸商，为了牟取暴利，他们在肉里注水，在粮食里洒水，在盐里掺灰土，往鸡肚子里塞沙子，把鹅和羊的身体吹胀，把腐烂的蔬菜装扮出新鲜的样子，把伪造的物品假冒成正宗的品牌。

宋代假酒泛滥成灾，据说买三斤酒，光瓶子就重一斤，掺的水又有一斤，最后只能买到一斤假酒。不过，那时技术手段落后，假酒只是掺水，对人体没什

古代酒坊

么危害。难怪武松吃那么多酒还能打死老虎，恐怕武松还得感谢往酒里掺水的奸商。此外，宋代茶叶贸易比较发达，造假者也多。

酒可以不喝，茶也可以不饮，但就连人们天天吃的米面竟也掺假。南宋大臣洪迈去金国出差，途经开封，在粮油市场上买了一袋小麦，当时感觉很干燥，哪知没走到张家口就发霉了。要知道小麦吸水能力很强，100 斤小麦中注入 20 斤水，摸起来还是非常干燥的，而且籽粒饱满，卖相极好。买家不知道真相，没有及时晾晒，水分出不来，小麦自然就发霉了。

食物的话题先搁一边，咱们再说说古代的身份证。

古代酒坛

古人的身份证也可造假。这是因为古代身份证上信息比较简单，如在唐代，一般就是"姓名"、"官职"两项，再细一点，将"单位"加上，不会有"出生时间"、"性别"、"身高"这些必须的内容。有的甚至连姓名也没有，就是一个物证。如果持有者有兼职的，则要在上面写清楚。这种身份证实质是一种"官员证"，写有姓名的，在卸职后要交出来；未刻姓名的，则传给继任者。

古代身份证如此简单，所以很容易造假作伪。为了防止这种事情发生，有的会在身份证上特别注明伪造和出借或冒用的严重后果，如明朝就规定，"借者与借与者同罪"；没有相应的身份证而去了不该去的地方、做了不该做的事情，则要依法论罪。可以想象，身份证在当时的普及过程中一定出现不少假冒伪劣的，不然也不会有这样的警示文字出现。

以上这些，都是古人经历的糟心事，那么，文人呢，遇见假冒伪劣产品，是个什么样结果呢？

我们知道，纪晓岚的职场生涯大部分都是在北京度过的，要知道那可是地道的天子脚下。生活了几十年，纪晓岚不只是和天子一起研究大清文化和各项建设，回到家里也要和市场打交道，从酱盐油醋到文房四宝，都得从市场上获得。

纪晓岚是才子，自然喜欢买文房四宝，出手当然要买名牌。当时的墨宝市场上，有一家几百年不倒的名牌——罗小华墨宝。罗小华是前明王朝的能工巧匠，为徽州制墨业中歙派的代表人物。做得一手好墨宝，所制墨品被时人誉为："坚如石，纹如犀，黑如漆，一螺值万钱。"

罗大师年轻的时候就已经是业界的翘楚，所生产的产品在天下占有最大的份额。可惜后来当了严嵩儿子严世蕃的幕僚，因此断送了性命。

名牌制造者没了，当然再也不可能发新货了，发行量一小，价格就暴涨，这倒是成全了罗小华墨宝，到万历皇帝时，为弄得一方罗小华老师的墨宝，居然委托太监四处高价收购。从明朝到清朝，政权变了，罗小华的产品行情却仍是一路看涨。纪晓岚也是求购罗小华墨宝大军中的一员。

某年某日，纪晓岚在北京市场上居然拣漏儿，看到有人出售罗小华制的墨，纪大才子以专业的眼光看去，看那盛墨宝的匣子又暗又凋敝，想必是明朝的古货了，真真的旧物也。

于是，他一口气买了十六件。欢欢喜喜地回家开匣一用，写不了字，用手一捏，其实也就是一团染黑了的泥巴！其包装盒明显是做旧过的。

不仅书写工具造假，连照明工具也造假。纪晓岚当年来北京参加公务员考试，准备在旅店里彻夜苦读，大概是图便宜买了点廉价的蜡烛，拿火一点，却燃不了，仔细剥开来一看，原来就是一根泥巴糊成的棒子，外面蒙点羊脂！

写的造假，照明的造假，吃的也免不了。乾隆时期，在京城里有卖熟鸭的，看纪晓岚的记录，可能都是在晚间营业，因为货架上点着一盏灯。

纪晓岚有个堂兄弟，叫纪万周，看着这黄澄澄的熟鸭，犯馋了，于是买了一只，准备大快朵颐一番。看那黄黄的，似乎经过炉火烤过颜色的鸭皮，还泛着一层油光，里面的鸭肉一定美味极了，于是一口咬下去，回报的不是香喷喷的鸭肉，而是一嘴巴的泥巴和包装纸！

穿的也造假。纪晓岚有个佣人叫赵平，花两千钱买了双看上

历史的天空

历史上的奇人奇事

去很美的靴子，觉得物美价廉，"甚自喜"。某日暴雨，赵平特意穿了他美丽的便宜靴子出去，一场暴雨让皮靴化为乌有，赵平赤脚归来，"徒跣而归"。

原来，只不过是一层乌油高丽纸制成的，货是假的，造假手法却不假，一层纸居然还揉出了皮靴皱纹的效果，鞋底呢，就是用败絮糊成的。

但话又说回来了，古人的手工造假造诣还真不错，肉眼都识别不出来，可见技术多么了得，我们总说古代字画赝品多，但谁能保证你买的字画不是古人过去做旧的呢？

古代文房四宝

君臣篇

杀功臣成瘾的朱元璋

"飞鸟尽，良弓藏，狡兔死，走狗烹。"每个新王朝的建立，总是以推翻一个旧王朝为前提的，而推翻的过程中，除了万千黎民死于非命外，总要成就一批开国功臣。只是，这些开国功臣的命运大抵不会太好。原因在于，建立了不朽之基业的开国之君不论是为子孙计还是为天下计，总是容不下这些功高震主的大功臣。

朱元璋出身贫寒，古人说过英雄不问出身，这算不得什么见不得人的事，且朱元璋继位之初对自己的出身也并不感到耻辱或难为情。

从一个青年农民、混饭和尚到天下一统的大明皇帝，朱元璋的人生角色转换得太过于富有戏剧性，也太突然了些。这就比如一个乞丐偶然间捡到了一枚金元宝，极大的喜悦外，就是疑心别人会偷走它，抢走它。因而他总是顾虑重重，猜忌连连。最后，在这种近乎于神经变态的境况中裂变成嗜血的杀人狂。仿佛只有这样，他的江山才能安稳。本恶的人性，在嗜杀的过程中感觉到了莫名的快意。

相传明初的大臣，上朝之前，总是先要与妻子诀别，他们不知道这一出去是否还可以平安回来。晚上回到家,家里往往摆酒庆贺:总算又熬过了一天。

廖永忠是朱元璋麾下最勇猛的大将,当年朱元璋与陈友谅大战于鄱阳湖时,朱元璋所乘的战船被围,情况万分紧急时,廖永忠冲上前奋勇救驾,立下大功,心怀感激的朱元璋以漆牌书"功超群将,智迈雄师"赐之。

朱亮祖虽是元朝旧将,但自归顺朱元璋以来,也是战功赫赫,先后平定过广东和四川等地,又镇守过北平,也于洪武十三年被朱元璋顺手找了个历史上屡试

朱元璋像

不爽的谋反的借口而诛杀。

朱元璋将其召至宫中,同去者还有朱亮祖的长子朱暹。朱一顿臭骂后,喝令卫士将朱亮祖父子拿下,当场鞭打致死。过了十年,朱元璋大概想起朱亮祖还有个次子留在世上,终究也是麻烦,便借口追究胡惟庸案,也把他砍了脑袋。

廖永忠、朱亮祖、周德兴、傅友德被杀后，相当于朱元璋之诸葛亮的刘伯温也被毒死。接着，徐达也惨遭毒手。这与派使者持毒酒鸩杀，已无二样，而更见朱元璋之阴损。徐达死后，朱元璋装出一副悲痛欲绝的样子，猫哭耗子除了假慈悲外，还带有某种恶作剧得逞的快感。

除了零星地屠杀功臣，朱元璋还制造了两起堪称杰作的集体大屠杀。一起是"胡惟庸案"。

洪武十三年正月，丞相胡惟庸称他家的旧宅井里涌出了醴泉，邀请明太祖前来观赏。这是大明的祥瑞呀，朱元璋欣然前往，走到西华门时，一个名叫云奇的太监突然冲到皇帝的车马前，紧拉住缰绳，急得说不出话来。

卫士们立即将他拿下，乱棍齐上，差点把他打死，可是他仍然指着胡惟庸家的方向，不肯退下。朱元璋这才感到事情不妙，立即返回，登上宫城，发现胡惟庸家墙道里都藏着士兵，刀枪林立。于是立即下令将胡惟庸逮捕，当天即处死。

云奇身为内使，居西华门，离胡宅非常近，既然知道胡惟庸谋逆，为何不先期告发，一定要事迫在眉睫时，才拦驾告发？况且如果胡惟庸真要谋反，也是秘密埋伏，即使登上城墙也不可能看到刀枪林立。谋反这么大的案件，胡惟庸当天下狱，当天就被处死，处置得如此匆忙，实在蹊跷。胡惟庸案前后株连竟达十余年之久，诛杀了三万余人，成为明初一大案。事后朱元璋还亲自颁布《昭示奸党录》，告诫臣下，切以胡惟庸为鉴。

胡惟庸，为李善长的同乡。在朱元璋攻克和州时，归附红巾军，颇受宠信。朱元璋登基，任命李善长为左丞相，徐达为右丞相。李善长是朱元璋攻下滁阳后，接纳下来的谋士，指挥作战，组织供应,事事皆能妥善处理。还在朱元璋称吴王时,李善长便出任右相国,充分展现他裁决如流的才干,为功臣之首。

淮西集团势力的日益膨胀,威胁到皇权。朱元璋对他颇存顾忌,于是在洪武四年,以年高有病为名,让李善长告老还乡,时年五十八岁。其实,朱元璋早就有意撤换李善长,还曾经向刘基请教合适人选。

太祖提及胡惟庸,刘基连连摇头道:"不可不可,区区小犊,一经重用,偾辕破犁,祸且不浅了。"朱元璋默然无言。但是后来朱元璋还是根据李善长的推荐,任用了善于逢迎的胡惟庸。因李善长的提携,胡惟庸于洪武六年,进入中书省,与汪广洋同任右丞相,左丞相空缺。

胡惟庸入相后,他的精明干练很快得到朱元璋的赏识。这期间,胡惟庸还将自己的侄女嫁给了李善长的弟弟李存义的儿子李佑为妻,结成姻亲,使得他与李善长关系更进一步。

有这样的元老重臣为后盾,胡惟庸更加胆大妄为。加上李善长的旧属们也极力帮助他,胡惟庸可谓如鱼得水。由于他逢迎有术,渐得朱元璋宠信。到洪武十年,进左丞相,位居百官之首,独揽丞相之权。

随着权势的不断增大,胡惟庸日益骄横跋扈,独揽丞相大权,为所欲为,一时间权倾朝野,许多人都看他脸色行事,敢怒不敢言。

大将军徐达对胡惟庸的擅权乱政,深恶痛绝,便把他的劣迹上告朱元璋。谁知竟被胡惟庸闻知,记恨在心,企图诱使徐达家的守门人福寿谋害徐达。但因福寿揭发,未能得逞。可见胡惟庸气量狭窄、心计毒辣。

对于胡惟庸的所作所为，朱元璋也略有察觉，对他的擅权更是感到不满。洪武十二年九月，又有阻隔占城贡使一事发生，胡惟庸等人未及时引见占城贡使，又与礼部互相推卸责任，朱元璋一怒之下，将他们尽行囚禁，不难看出，此时的胡惟庸已经受到朱元璋的严重猜忌。

就在这年十二月，又查出汪广洋被赐死时，有个从死的小妾陈氏，竟是获罪后妻女并皆入官的陈知县的女儿。朱元璋得知后，更为震怒，说道："没官妇女只给功臣家，文臣何以得给？"敕令法司要彻底追查此事，因此从胡惟庸以至六部堂属各官都难辞其咎、负有罪责。此时胡惟庸的地位已岌岌可危了。

在胡惟庸已明显失宠的情况下，大概是揣度到朱元璋的心理，洪武十三年正月，御史中丞涂节首先告胡惟庸谋反。与此同时，被谪为中书省属吏的御史中丞商暠，也揭发了胡惟庸的许多

朱元璋陵墓

隐私。

　　朱元璋接到告变后,立即命廷臣进行审讯,随即就把胡惟庸处死了。告变人涂节,也因朝臣参劾说他本来准备参加谋反,因事不成才告变,连同胡惟庸和另一主犯,曾与汪广洋一同参劾李善长的御史大夫陈宁,同时被杀。

　　胡惟庸案之后,朱元璋又炮制了"蓝玉案"。蓝玉本是常遇春部将,屡立战功,曾大破北元军队,俘虏过北元的侯王及公主、嫔妃等,朱元璋将他比做卫青、李靖。

　　洪武二十六年,天下已然太平,是杀走狗的时候了。锦衣卫的一名中级军官离奇地指控蓝玉谋反,朱元璋对此不查不问,吩咐立即把蓝玉下狱,迅速地处以灭族,受牵连而死者二万余人。

　　如果说朱元璋大杀功臣还可以用忌讳功臣们反叛来做说辞的话,事实上这种可能性几乎没有,历代开国功臣,如若不是皇帝将他们逼得走投无路,还真没几个造反的,那么有时候他的杀人只能用人性的阴暗和对残忍的热爱来解释。

朱元璋父母陵墓

把臣子当棋子的武则天

武则天能统治天下与她的用人是手法是分不开的，她一方面用了许多治国能手，像狄仁杰、魏元忠等，另一方面，她还用了一帮酷吏，像傅游艺、来子询、吉顼，特别是索元礼、来俊臣、周兴三个人，都是酷吏们的首领。

武则天坚强刚毅、深谋大略、雄心勃勃，但她对着的是众多的、或明或暗的敌手。说实话，一个女流在一个大男人社会，而且是在皇宫里，能生活下去已是不易。为了巩固自己的地位，多年来她一直企图在棘手的政治漩涡中寻求依靠。

随着告密之门的打开，她终于找到了依靠告密起家的酷吏。在酷吏中最先成名的是索元礼。他是武则天从告密者中第一个挑选出来的。索元礼本是个胡人，那时叫波斯人。索元礼出身贫穷，也没有多少文化。但他的长相具有胡人血统的特点，个子高而健壮，卷发黑而硬，鹰鼻、深目。

他眼里时常闪烁着凶光，令人望而生畏。在徐敬业之乱平定以后，武则天实行威慑政策，以稳定地方。索元礼猜度形势，就利用肃清叛乱残余、整治涉嫌者的机会，进行告密。在他面告的时候，武则天在帘后观察。他信誓旦旦地说："我忠心为国，只要为了太后,什么样的敌人,我都能够把他干掉。"武则天对他很满意,认为这个人符合自己选择的标准。所以破格使用,把这个无名之辈,一下子提拔为游击将军。掌管制狱审案的大权。这种提拔,真使朝臣们目瞪口呆。

不过,索元礼没有辜负武则天的期望,上任之后,就发挥了其残忍的特长。稍有嫌疑,立即逮捕,每捕一人,就有数以十计百计的人连坐被捕,而且被施以酷刑。这使朝臣们十分畏惧,见他犹如见虎狼。武则天却对他的表现很满意,常常召见,并多次给他赏赐。此后,他的手段也就越来越残忍。

比索元礼还凶恶的是来俊臣,这个人简直是魔鬼的化身。虐待、杀人,成了他生活中最大的乐事。他像饿狼一样,没有猎捕的对象,就活不下去。来俊臣年轻时偷盗、诈骗、赌博……无恶不作。因抢劫而被捕下狱,并被判处死刑。

当时,全国兴起告密风。他想反正是个死,何不利用这个机会去"告密",也许还能找到一条活路呢。他决定不能坐以待毙。按照规定,死刑犯要告密也是不受限制的。他利用这个特许条件,大喊大叫要去"告密"。

狱吏和州官怕有不准告密之嫌,只好同意他去神都洛阳去面告。接待他的是上官婉儿。由于死刑犯要告密,是极为少见的。武则天出于好奇,在帘后观察。来俊臣心想,告不成也是死路一条。就索性诬告和州刺史东平王李续。

他根据当时的风向来判断,很可能告他有利,因为李续是唐太宗第八子纪王慎的长子。他选准了目标就一不做,二不休,竟信口雌黄,颠倒黑白,随意捏造,夸大其词,把自己说成是个好人,和一个杀人犯曾同住一室,却把他误当成杀人犯,然后被捕

入狱，严刑逼供，屈打成招……还说出李续的许多苛政来。

他的靶子选得也准，正中武则天的下怀。武则天竟看中了来一有胆识，二有言辞。诉起状来条条有理，有根有据，令人信服，而且言辞流利，很有辩才。

但这些大臣都是武则天执政后的重用之人，在她没当皇帝皇帝之前，有位大臣对她尤为重要。

弘道元年高宗病危，鉴于太子李显充东宫才三年，处理国事经验不足，高宗遗诏中命自己信赖的宰相裴炎与两位侍郎刘奇贤、郭正一为顾命大臣，即特别授权武则天以太后身份兼决大事。但并不是全权委托武则天临朝管理国事，而是在有特别重要的军国大事，同时皇帝与大臣们又"不决"时，才能兼取她的决定。

然而，裴炎却在高宗死后第三天、太子在灵枢前即位后的第二天上奏说，一切政令都要以太后武则天令的形式发布。裴炎这

武则天塑像

个史无前例的建议对武则天来说太及时了。可以想见，如果没有裴炎的这个建议，武则天也很难找出什么理由取得国事决定权。

对裴炎此举，后人议论纷纷，但从他求学时代表现出的坚忍不拔的毅力和当了宰相后展现出的睥睨同侪、自以为是的性格来看，他是想最大限度地影响皇权，以实现自己经世治国的理想。而中宗即位时已成年，作为臣子想要完全影响他不容易，所以裴炎想增加太后的权力以制衡皇帝，从而为己所用。

正如此，皇太后掌权后，二人配合得极为协调。嗣圣元年，中宗提出要任命自己皇后的父亲韦玄贞为侍中，还要恩赐皇后奶妈之子以五品官，但裴炎认为这两人资格不够，坚决不同意。中宗大为光火，冲动地说道："我把国家让给韦玄贞都可以，一个侍中的官位算得了什么？"

裴炎当即与武则天图谋，决议废掉嗣皇帝，另立豫王李旦为帝。这次皇帝的废立，对武则天来说是借机除去对自己专权不满的嗣皇帝，从而威慑以后的皇帝和文武大臣，以达到自己长期操纵君权的目的；而对裴炎来说，他当然知道这只是中宗一时冲动说的气话，当不得真。作为单独受诏辅政的宰相不应该因此就参与废帝的阴谋，但他却积极主动地参加了废帝的行动，显然他认为中宗难以制约，不如趁早废掉，换一个更能受自己影响的新皇帝，同时也能使要求废帝的武则天感恩于自己。

然而，自以为是的裴炎却没有料到，这一举动使武则天的地位更加稳固，并埋下了真正的祸根。武则天开始推动长期临朝称制，两人的矛盾也慢慢显现了出来。

裴炎不愿出现女主执政的局面，开始对武则天的革命举动进行干涉，先阻止她"追王其先"，后又反对她迫害宗室成员。通过几次较量，裴炎对武则天难以制约的本性和觊觎皇权的野心已有所了解，知道让她主动让权还政一无指望了，这时才后悔当初建议一切政事都要"宣太

武则天陵墓

后令于门下施行"的举动。为将功赎罪，裴炎暗中寻找机会。

睿宗文明元年，唐朝开国功臣李绩的孙子徐敬业在扬州发动反对武则天的兵变，宣称要勤王护君。裴炎表面上不动声色，也不积极参与讨伐叛军的议论，想等武则天焦头烂额之时再顺势逼她归政。

武则天闻悉便暗使监察御史崔詧上奏指控裴炎，以"裴炎身受顾命之托，大权在握，叛乱之际不设法讨平，反而要逼太后归政，其中一定有阴谋"为借口，将其逮捕入狱，并力排众议给他定了个"谋反"的罪名，最后斩于街头。

满腹经纶、自视甚高的当朝宰相裴炎就这样败在了他曾看不起的太后武则天手中。他想利用武则天这个女流之辈，因而不惜违背大唐成例和先帝遗命，让一切政务都以太后令颁布实施，"帮助"武则天成为男尊女卑的中国古代社会中的异数，做了中国历史上唯一的一位女皇帝。这"帮助"并非裴炎有意为之，而是他的自以为是造成的，他本想利用武则天树立自己在朝堂上的权威，结果反被武则天利用，断送了卿卿性命。

善于摆布臣子的康熙

　　康熙和鳌拜之间的冲突是诸多矛盾积累和发展的结果。

　　鳌拜不但是一员骁勇战将，而且也是皇太极忠心耿耿的心腹。皇太极死后帝位继承发生问题。皇太极长子肃亲王豪格与皇太极之弟多尔衮争位。正黄旗与镶黄旗拥立豪格，而正白旗与镶白旗拥立多尔衮。当时恰值李自成打进北京，明朝覆亡，满族统治者在关键时刻，互相妥协，将矛盾缓和下来。豪格和多尔衮都不当皇帝而皇太极第九子六岁的福临继帝位，是为顺治帝，避免了关系破裂而喋血萧墙。

　　顺治遗命索尼、苏克萨哈、遏必隆、鳌拜四大臣辅政。索尼的资格最老，威信很高，但年纪老迈，畏事避祸。遏必隆亦出自名门，为开国元勋额亦都之后，屡立战功，与鳌拜交好。而苏克萨哈为正白旗，先时依附多尔衮。多尔衮死后，朝局一变，苏克萨哈出来告发刚刚死去的多尔衮，因此亦受顺治帝重用。四辅臣中，索尼列名第一，能够得到大家认同。而苏克萨哈因是公主的儿子，且反戈一击，揭发多尔衮有功，列名第二，就较勉强，尤其是资格老，军功高，而名列第四的鳌拜很不服气。

从皇太极死后，黄白旗为争立皇帝，关系紧张，以索尼为首的两黄旗大臣盟于大清门，带兵入宫，张弓挟矢，要和两白旗兵戎相见。后来幸而以妥协告终，但彼此成见很深。

多尔衮是正白旗之主，摄政时压制反对他的两黄旗。索尼、遏必隆、鳌拜均曾得罪，或降职，或罢官。顺治亲政，朝局一变，黄旗抬头，白旗失势。苏克萨哈虽以白旗投靠黄旗，但索尼、遏必隆、鳌拜都瞧不起他。黄白旗之间的矛盾一直延续到康熙初年。

鳌拜性情刚愎，器量狭隘，势力愈张，骄横日甚。朝贺新年时，鳌拜身穿黄袍，仅其帽结与康熙不同。又经常把各地奏折拿回自己家中和心腹们商议办理，不把朝廷官员放在眼里。有一次

康熙像

鳌拜装病，康熙去探望他"鳌拜卧床，席下放一把刀。康熙的侍卫搜检出这把刀"局面很尴尬而紧张。康熙虽年轻却从容镇静，笑着说："刀不离身是满洲故俗，不要大惊小怪！"可见康熙把紧张局面消弭于谈笑之间的机智应变。

康熙十四岁亲政。鳌拜大权独揽，仍把持着权力不放，要把年轻的皇帝变成任凭自己摆布的傀儡。苏克萨哈要求辞职，还政皇帝。这一举动触及鳌拜要害，因为排名第一位的苏克萨哈辞职，遏必隆、鳌拜势必也要让出辅政的职务，鳌拜不甘心退出政治舞台，他诬陷苏克萨哈二十四条罪状，要把苏克萨哈斩首抄家。

康熙不同意，但跋扈成性的鳌拜在康熙面前挥拳捶胸，疾言厉色，对康熙恐吓要挟，最后连康熙也无法改变鳌拜的决定，结果苏克萨哈被处以绞刑。年轻有为的康熙如何能容忍这样骄横凶狠的权臣。他在暗中准备着。他挑选一批有勇力的少年侍卫在宫中练习布裤布库即摔跤。鳌拜上朝也不回避。鳌拜以为不过是小孩子的游戏，不以为意。

康熙八年五月，武力夺权的时机终于到来。康熙与索额图密谋，将鳌拜的亲信派往各地，离开京城，又以自己亲信掌握了京师的卫戍权。康熙召集侍卫武士说："你们都是我的股肱亲旧，你们怕我，还是怕鳌拜？"大家说："怕皇帝。"康熙即宣布鳌拜罪状。

在鳌拜单独入朝时，由布库少年突然擒拿下狱，宣布鳌拜三十条罪状，但念鳌拜资深年久，屡立战功，且无篡弑之迹，康熙对他宽大处理，免死禁锢。其党羽或死或革。康熙夺回政权，经过周密策划，精心布置，不动声色，没有动用大军，没有经过恶战，在社会上未发生重大骚动。

再说说康熙与吴三桂的关系。吴三桂入云南是在 1659 年，起兵时为 1673 年，他和他的部下已经在云贵盘踞了十多年。不止他本人在云贵置下了极大家业，他部将，乃至一般的藩丁，也在云贵立脚扎根，其中也有置下一点家业的。康熙下令吴三桂及其藩属全部迁移到东北，他们必须舍弃他们在云贵的既得利益，到东北去。

当时，没有暖气，没有玻璃，在东北生活不如云贵地区，而且他们是要到荒无人烟的地方垦荒盖房。他们可能愿意吗？那些降将本来就无廉耻可言，他们降清就是为了一己私利，侵犯了他们利益，会有什么反应！至于藩丁，有个落身之处，还可能娶了当地女为妻，好不容易有得一点家业，在穷汉眼中可能更宝贵，他们能诚心服从满清？何况他们对满清，是立下大功的，撤藩也会积下受骗的怨恨。

吴三桂起兵得到了部下的积极拥护，开战后士气很高，打得清兵屁滚尿流，只能用吴三桂的部下是为保护自己的利益而战来解释。康熙这种兔死狗烹的手段，对汉族将领极不信任的态度，也刺激了其他降将。有不少原明朝降将响应吴三桂，响应的有云南、贵州、四川、陕西等省的提督，还有湖广、广州、潮州、温州等总兵，提督中就有著名悍将王辅臣。如果没有部下的支持，没有降将的响应，吴三桂很难起兵，即使起兵了，也难有大作为。所以，康熙逼吴三桂及其藩属于绝路的撤藩，而不是采用些谋略处理，实质上就

吴三桂塑像

是在挑起战争。

　　吴三桂干预行政的权力被取消了,他管辖的军队也在裁军,拨给他的军费也在下降,这一切都意味着,康熙本来是可能采取某种谋略来进一步削减吴三桂的势力,消除隐患,而不要采取撤藩这样的激烈手段,所以,是可能不挑起战争的。起兵时吴三桂虽然已经六十二岁了,在阅兵时,他在校场上飞身上马疾驰,连发三箭,箭箭中目标,然后他还演练各种兵器,搏战进击运用自如,技法高超,似乎不减当年。

　　这当然会极大地激励部下随他起兵的信心。但是,这样的能力还能维持多长时间? 设想如果再过几年,他年近古稀,玩不动这些把戏,不但激励不了部下,也很难说他自己还会有信心。他是在起兵后五年死去的。

　　康熙二十年,平定吴三桂之后,康熙帝曾说过一段话,其中有指责臣下的意思,他说当撤藩时,群臣有同意撤,有不同意撤,但是"并不言迁移吴三桂必致反叛也"。即当时没有一个臣子说撤藩后吴三桂会造反,可见不论是君是臣,没有一人有这种预见,如果康熙有此预见,他当然不会再说这样的话。

　　康熙有着强烈的集权思想,政令必须由他一人发出。康熙曾说过:"天下大权,惟一人操之,不可旁落。"还说过:"死生常理,朕所不讳,惟是天下大权,当统于一。"成功的帝王大约都是这样,都是要独裁的,康熙就是太强烈了,对于吴三桂这样的,只是宏观调控,不能政令直接下到他的藩部,无法容忍,于是就急不可待地撤藩,激起反叛。

　　再说说康熙与孔尚任之间的恩怨。

　　康熙三十九年,风头正劲的孔尚任被莫名其妙地罢官了。

300多年来，人们众说纷纭，企图弄明白这位"天下第一家"的文化明星、剧作大腕儿，到底因何突然被罢官？

孔尚任虽出生高门望户，书香世代，可竟屡试不第。谁料人到中年居然会时来运转，被九五之尊的年轻皇帝一眼看中。

那一年，30岁的康熙来曲阜祭孔。那是满人入主中原之后的第41个年头，作为一个政权，大清尚在褓褓中。时年36岁的孔尚任，把握住了这千载难逢的机遇，他的"引驾"和"御前讲经"都非常成功，因此深得皇帝青睐，被破格"议用"为国子监博士。

孔尚任在出任国子监博士期间，曾随工部侍郎孙在丰到淮、扬一带治河三年。回京后调任户部主事，官虽不算大，但级别升上来了，成为正六品的朝廷命官，而且开始进入掌管国家经济命脉的实权机构了。

可以说，孔尚任如果精明，能够好自为之，也就是与康熙政治上保持一致，他的前途可能就无可限量。可惜，他不识时务。

那么，孔尚任能够犯下什么"天条"呢？"不务正业"？孔尚任在官场待了16年，他不去琢磨人家康熙为什么赏他一

孔尚任塑像

官半职,却花掉 10 多年的业余时间,搜集材料,数易其稿,创作什么感叹兴亡的《桃花扇》! 这叫什么识时务?

孔尚任在《桃花扇》里空议论"儿女浓情一笔销,桃花扇底送南朝,扯碎扯碎一条条,再一番鲜血满扇开红桃,开红桃!"好家伙,这不是为那个南明唱挽歌,鼓动反清复明,公然要造反吗?可以想见,1699 年,刚刚出笼的《桃花扇》轰动京城时,康熙派人向孔尚任索取稿本,读罢后心中会是什么滋味?

要说,皇帝就是皇帝,人家政治嗅觉就是不一般,一鼻子就嗅出气味不对,一眼就看到骨子里去了,不服还真的不行呢! 其实,更能体现其政治智慧的,是对这一事件的处理。

按大清律,对煽动造反的,一般人没得说,当然要"热处理",要杀头,要灭九族,动静越大越好。但对眼前这个白眼狼孔尚任,杀他马上就面临下一个问题,即要不要诛他九族。这其实是没有退路的。

《桃花扇》一案不处理当然是不行的,但只可"冷处理"。孔尚任固然不能杀头,但也不能继续留在队伍里了,这就是孔尚任为什么没有被杀,只是稀里糊涂地被罢官的原因了。

至于《桃花扇》一案为什么始终没有张扬,没有定性,甚至还"盛演不衰",相信对那个 8 岁登基,16 岁计除权奸鳌拜,晚年将爱子胤祥囚禁,把股肱老臣驱逐,刻意制造冤案,城府极深、权术谙熟,经常不按常规出牌的康熙进行深入研究后,谁都会恍然大悟的。

在臣子身上敛财的梁武帝

梁武帝是一个很特殊的皇帝，他的文功武艺都不错，运气也不错，在位时间竟长达 48 年，在南朝诸帝中是首屈一指的。他即位之初，也是个好皇帝，可惜到了晚年，过度沉溺于佛教，无心治国，导致国力日衰，江河日下。

最能反映他瞎折腾的，是他曾四次出家又还俗，这不仅在历代皇帝里绝无仅有，而且在老百姓中也没听说过，他无意中创造了一个世界纪录。

出家的起因是，他又要大修寺庙，而国库已空，财政困难，大臣们群起反对。他的一个佞臣左光禄大夫朱异献了一计，要他借出家再还俗来勒索大臣。于是，他就提出要到

梁武帝陵

同泰寺"舍身",也就是要出家做和尚。

皇帝做和尚,这还是破天荒第一次。可是皇帝说要出家,谁敢反对!再说,那时候佛教盛行,皇帝肯做和尚,还表示他对佛法的虔诚哩。可刚做了四天和尚,屁股还没坐热,朱异就以国事难离为名,带领众臣要迎皇帝还俗。

而按当时规矩,和尚还俗,要出一笔钱向寺院"赎身",地位越高身价也越高。皇帝当了和尚,自然也不能例外,而且钱比一般人要得还多。群臣无奈,只得咬牙给他捐了一万万钱的"还俗费"。这钱名曰捐给寺院,实际由梁武帝来掌握。

梁武帝用这笔钱,装模作样地重修了几座寺庙,还给自己的嫔妃们分发了丰厚的脂粉钱,剩下的都装进了小金库。尝到甜头后,过了两年,他估计大臣们又捞得差不多了,就又要第二次"舍身"做和尚。

有了头一回的教训,大臣们都竭力反对,有的上书,有的面谏。可皇帝执意要干,谁也挡不住,大臣们只得暗暗叫苦。果然,梁武帝出家刚20天,又被大臣们花一万万钱"赎身"回宫。一些捞钱有方的贪官污吏,出点血倒也无所谓,反正最后还要转嫁到老百姓身上,多加些赋税也就是了。

只是可怜了那些平素廉洁的官员,本来就家无余财,捉襟见肘,现在还得被皇帝"敲竹杠",只得四处借贷,求爷爷告奶奶的,可怜巴巴的。还有的官员干脆辞官不干了。

梁武帝可不管这些,看着黄灿灿、白花花的钱财,高兴得胡子直翘,既可以再盖几座漂亮寺庙,又可以肥肥美美过一阵子了。本来嘛,有这两回就行了,见好就收吧,可他当和尚当上瘾了,后来又找理由出了两回家,自然又戏剧性地被大臣们集资

"赎身"。

据史书记载,梁武帝先后于 527 年、529 年、546 年和 547 年共四次"舍身"同泰寺,每次都装模作样脱下皇袍,穿上僧服,不吃肉,不近女色,乘车、用具一律从简。

可这些戏剧性的舍身为奴事件,短的只有 4 天,最长的也不过 37 天,最后都由群臣用钱一万万地将他赎出,并在群臣齐集同泰寺东门或凤庄门再三叩请的情况下,他才回宫执政。梁武帝善于表演,脸皮也真够厚的。

梁武帝像

这用来"赎身"的四万万钱,究竟多少用在重佛上,多少装进了小金库,谁也说不清了,只有他自己知道。

平心而论,梁武帝还是真心重佛的,他不仅著有《涅萃》、《大品》、《净名》、《三慧》等数百卷佛学著作,把儒家的"礼"、道家的"无"和佛教的"因果报应"揉和在一起,创立了"三教同源说",而且还大兴土木,不计工本,"南朝四百八十寺,多少楼台烟雨中"。

不过,尽管梁武帝这么重佛,大修寺庙,几次"舍身",每天早晚到寺里去烧香拜佛,讲解佛法,可佛祖并没有保佑他,他最后在"侯景之乱"时竟然被活活饿死,子孙后代被杀得七零八落,社稷江山也沦入他人之手,真是个莫大的讽刺。

喜欢与臣子斗智的明神宗

满朝荐,是明万历三十二年的进士。当时有税监梁永纵容吏役抢劫儒生财物,受到满朝荐的惩处,梁永上表反诬满朝荐擅对收税人员行刑,被降职一级。梁永私养甲兵数百,满朝荐协助捕拿,恶党趁机逃跑。梁永入京诬告朝荐抢劫贡物,杀人投河。

皇帝将满朝荐投进监狱。朝廷内外自大学士朱赓等百余人上疏营救,直到万历四十一年秋,才被释放。光宗即位,满将朝荐提升为南京刑部郎中。不久,又调任尚宝卿。

天启二年,辽东地区失陷,国家形势很危急,而朝廷内部党派之争激烈。满朝荐向皇帝上疏,语言激昂,切中时弊。不久,调任太仆寺少卿,又向皇帝上疏论朝政,说:"朝廷政令乃颠倒日甚。"并列举事实,说明朝廷纲纪已坏,阉党专政,是非颠倒,忠奸不分。奏折呈上去后,被削职为民。后来,魏忠贤又指满朝荐为东林党人,遂不复用。

崇祯二年,满朝荐被恢复原来官职,未及上任就因病去世。满朝荐从政24年,在野19年,皆因刚直不阿,敢说真话。时称"朝廷怪臣"。

满朝荐四十三岁科举入甲,明神宗朱翊钧亲自主持殿试。轮到满朝荐时，皇帝开口就问："满贡士何方人氏，家世若何？"

满朝荐家境贫寒，家中房屋有一半还是茅草屋，高粱秆夹起当壁板，盛水的是一个破缸，平时家里盐钱全靠两只鸭婆下蛋来维持，七八十岁的父母常常还要上山打柴，下河挑水。满朝荐担心照直说会让皇帝嫌弃，又不愿意说假话。

他稍加思索便恭恭敬敬回禀："启禀万岁，士乃湖广辰州府麻阳人氏。家中千柱（无数高粱秆）落脚，九笈（几块茅扇）牌楼，七十人（母亲）挑水，八十人（父亲）打柴，喝水要喝半江（江，麻阳土语音同"缸"）之水，两只盐船（两只鸭婆）一日不下不得盐吃。"

皇帝频频点头，又问"你这么大个家，谁人管服？"

明神宗像

满朝荐答:"父亲身骑马背,手持龙套,逆而不服者,棒棒敲服(父亲骑在草鞋架上打草鞋);母亲手扶乾坤圈,上落金,下落银(磨豆腐),统揽家庭内务。"

皇帝叹曰:"好大的家势,能干的家长。了不起,豪门出才子。"

后来,左右官员向皇帝介绍了他的情况,皇帝对满朝荐的形象比喻高兴的大笑,也对他高深的学识表示赞赏。

明朝天启初年,朝廷赋税极重,加之天灾频繁,人民生活苦不堪言,满朝荐深为百姓担忧。这一天,赴京上任途中的满朝荐来到武昌黄鹤楼附近下榻时,当地百姓正谈论着一个特大新闻:熹宗皇帝明日驾临黄鹤楼游览。满朝荐思忖良久,计上心来。他立即买了两罐蜂蜜,掺水搅匀,连夜赶往黄鹤楼,在花园门口的围墙上用墨汁写了"湖广免秋粮"五个大字。一会儿,成千上万只蚂蚁结队爬了上去,这五个字显得更加醒目。

第二天上午,黄鹤楼名声悠扬,在文武官员和太监宫娥的前呼后拥下,年轻的熹宗皇帝向黄鹤楼走来。他见围墙上的蚂蚁大字,不禁好奇地念道:"湖广免秋粮。"

满朝荐和随同的湖广官员立即上前跪拜:"谢主隆恩!"

宦官头目魏忠贤急忙解释道:"这是蚂蚁字,皇上说着玩的。"

满朝荐即刻上前跪拜辩解:"自古以来,君无戏言。"

皇帝见状便问:"你是何人?"

"太仆寺卿满朝荐。"皇帝"噢"了一声,说:"满爱卿,你言之有理,君无戏言。"

从此,湖广地区便免除缴纳秋季皇粮了。

黄鹤楼

熹宗皇帝喜欢作乐,通宵达旦。白天上朝迟到,上了朝还要睡大觉,臣子们奏禀公务,他听不了几句就鼾声大作。满朝荐决定找机会打醒皇帝。

一天,上朝时。满朝荐事先捉了一只吸饱血的蚊子,放在右手手指缝之间,再同群臣一起去上朝。到了金銮殿上。有的臣子交了奏本,轮到满朝荐了,他只用口述奏报公务,讲着讲着,皇上就打起呼噜来了。满朝荐走上前去,对准皇帝脸上"啪"地打了一个轻轻耳光。

皇帝一下惊醒站了起来,暴跳如雷,喝令把朝荐推出去斩了。朝廷大臣惊恐万状。满朝荐跪在皇帝面前,伸出打皇帝那只手说:"万岁,请您来看,蚊子吸君血,下臣由不得,伸手将它打,皇上莫惊怕。"

皇帝抓起满朝荐的手一看,果然手板上一只蚊子被打烂,还沾有新鲜血迹。这时皇帝怒气全消了,说:"满爱卿,金銮殿有蚊子这还了得?看来这金銮殿还得安排几个打蚊子的。"

满朝荐是明朝的阿凡提,是百姓喜爱的有智慧讲正义爱百姓的好官。

与臣子不交心的乾隆

　　乾隆是中国历史上有名的"圣主"，也是一位自小生长深宫的皇帝，有很多怪习。对于纪晓岚来说，乾隆最要命的一条就是对身边近臣的用人标准。他不但要求这些人机警敏捷，聪明干练，而且要相貌俊秀，年轻漂亮。

　　和珅的美貌是不用说的了，即使是福长安，能在乾隆晚年得到宠信，一方面是由于他死心塌地地追随和珅，与其结成死党，另一个重要原因却是因为他年轻漂亮。曾经来华的英国特使马戛尔尼在其著作中记载：福长安英气逼人，是一个典型的贵族美少年。

　　长相本由天注定，没有办法选择。相貌丑陋的纪晓岚却偏偏又碰上乾隆，所以即便他再才华横溢，也难得到真正的重视，难以参与重大的政治决策，只能以文字安身立命。纪晓岚只能做乾隆的词臣，而难以做乾隆的宠臣、重臣。

　　纪晓岚一生中两次任乡试考官，六次任会试考官，三次任礼部尚书，均是这种际遇的体现。这种官职并无重权、实权，只是大清朝廷的摆设而已。即便是乾隆派他出任都察院，因判案不力，本应受罚，乾隆却说："这次派任的纪晓岚，本系无用腐儒，本来只不过是凑个数而已，况且他并不熟悉刑名等事务，又是近视眼……他所犯的过错情有可原。"可见纪晓岚在他心目中的地位。

纪晓岚跟乾隆的隔阂还有更深层次的原因，那就是：专制君主从本质上来说，不会喜欢稍有个性、具有正义感的知识分子。

有一次，内阁学士尹壮图指陈弊政，称各省督抚"声名狼藉，吏治废弛。我经过各省地方，问起官吏的好坏，人们都皱眉叹息，各省风气大抵皆然"。由于这些话惹恼年岁已高、再也听不进忠言的乾隆，结果军机大臣要将尹壮图拟斩。

尹壮图之父尹松林与纪晓岚为同年进士，当纪晓岚打算为尹壮图求情时，乾隆竟勃然大怒，当即骂道："朕以你文学优长，故使领四库书，实不过以倡优蓄之，尔何妄谈国事！"原来，皇帝让纪晓岚总纂《四库全书》，并不是真正把他当成独当一面的重臣，只是把他当作给皇帝解闷的戏子之流。

乾隆像

大家都知道，乾隆皇帝是历史上"少见的明君"，据说是非常"英明干练"的。大家也都知道，和珅是历史上最大的贪官，据说贪起来是非常明目张胆的。

检举揭发和珅者络绎于朝，如陕西监察御

史曹锡宝、被誉为"烧车御史"的谢振定以及大文人纪晓岚,还有当过宰相的刘墉。这些"轻量级"、"重量级"的人物,暗地里打"小报告"或公开上"万言书",三人成虎,乾隆对和珅就从不怀疑吗?

和珅建的是高堂大厦,穿的是绫罗绸缎,养的是大妻小妾,家里堆的是金,砌的是银,乾隆那双"龙眼"看不到吗? 和珅的大老婆死了,大官小吏个个去朝阳门外送葬,汲修主人昭梿"亦从众而行"。

送葬路上,到某村妇家里吃饭,老妇人说:"观君容止,必非不智者,今和相骄溢已极,祸不旋踵,奈何趋此势力,自伤其品?"果然,"不逾年,和相果败"。一个山间村媪,都知道和珅之贪,都知道其下场,地球人都知道了,谁说乾隆不知道?

这样看来,乾隆是特地安排和珅作自己儿子嘉庆正式"登基"的"祭礼"的。和珅听了乾隆那话,没有生命的危机感吗?不会未雨绸缪吗? 没用的!这是乾隆的安排,是乾隆特地给儿子留下做打猎用的"猎物"的。

乾隆心里是这么计算的:你贪吧,贪吧,反正你也吃不完,得留在那里。乾隆养和珅,就是替儿养肥猪。果然,"和珅跌倒,嘉庆

乾隆通宝

吃饱"。把和珅贪污受贿的财产从和珅家里再搬到国库里,好家伙,可用二十年啦。乾隆给嘉庆的物质遗产真是够丰厚的!

和珅仅是乾隆留下的政治遗产。据说,如果没有天敌,老聪明的老皇上培养接班人就是这样,要培养一些家兽放到围猎场去,供儿试刀、试胆量、试身手。嘉庆没有经历过战争的历练,也没有经历官场的"残酷斗争",能不能看守住江山?人家乾隆是"打猎世家"出身,深深懂得打猎能够培养"战斗力"。

他更深深地懂得,放纵真正的野兽,体制外的野兽,那是相当难对付的,也是相当危险的,但培养几只家兽,用体制内的家兽供接班人"练练手脚",以防真正的"野兽"来袭,是安全的,也是十分必要的。这样,乾隆就养了和珅这头家兽。这样我们也就不难理解为什么乾隆刚死,尸骨未寒,嘉庆马上就下手了。乾隆于乾隆六十年九月初三一命呜呼,嘉庆第二天就把和珅给办了。

乾隆死了,这是"举国悲痛"的"国葬"哪!放下老爸的丧事不办,先拿办老爸最爱的宠臣,这岂不是打老爸的耳光么?岂不是大不孝么?

合理的解释是,乾隆在要死的时节,给儿做了一个"政治交代":儿啊,我送个政治礼物给你吧,爹给你养了一头大肥猪,一只大老虎,趁这机会给猎杀了吧。这样,你就不愧是咱们猎手的后代。所以嘉庆把"国葬"放在一边,先办"国事",他也就成为了吃肥肉的"美食家",成为了打老虎的"大英雄"。

是什么原因使得乾隆皇帝二十几年如一日般长久地重用和珅呢?是不是和珅有什么别的大臣不可替代的才能呢?

也就是说,和珅在与乾隆皇帝相处的时候,除了做到了一般大臣都会做到的诸如掌握乾隆皇帝的喜怒哀乐和个人好恶、利用各种时机在乾隆皇帝面前充分展示自己的才华等等之外，和珅还做到了像对待自己的父亲一般对待皇帝。

　　和珅非常清楚地知道，要想与乾隆皇帝相处融洽，就要在乾隆皇帝面前抓住一切可以抓住的机会，大力施展自己的才华。和珅知道，当今的乾隆皇帝不但能征善战，而且诗、文、书法俱佳，真可谓文武双全。就这一点来说，乾隆皇帝在中国历朝历代的所有皇帝中是水平最高的。而且，乾隆皇帝本人也是引以为荣的。而以上这些，是自己在咸安宫的时候就非常了解的。

　　因此，和珅在真正接触到了乾隆皇帝以后，就决定自己在今后的工作中，不但要在工作上做得出色，更为重要的是，要以诗、文、书法作为突破口，来赢得乾隆皇帝对自己的好感。

　　乾隆一生喜爱作诗，和珅对乾隆皇帝所作诗词的风格，用典、喜用的词句都知道的一清二楚。和珅为了迎合乾隆皇帝，下工夫学诗、写诗，并造诣很深。

　　他偶尔会在乾隆面前表现一下自己对诗文的偏爱，甚至闲暇的时候以"骚人"自居。与和珅同时代的钱泳曾评价他的诗说：他的诗偶有佳句，很通诗律。和珅的诗作统统合乎乾隆的审美趣味，乾隆阅后，怎能不喜欢，很多时候就命和珅即景赋诗，以代替自己亲为了。

　　乾隆皇帝爱书法，和珅就刻意模仿乾隆的书法，他写的字酷似乾隆的御笔。乾隆后期有些诗匾题字，干脆交由和珅代笔。

　　俗话说："良药苦口利于病，忠言逆耳利于行"。然而，即便如此，还是没有多少人乐意听到逆耳的话，尤其是像乾隆这样的一国之君，心高气傲，整日围在身边的都是歌功颂德的句子。一句违逆圣意的话，听起来会显得愈发刺耳。

和珅非常清楚地知道祸从口出的道理，因此他在侍奉皇帝的时候，就随时提醒自己要做到紧睁眼，慢说话；在说话的时候尽量做到将话说的委婉动听。

　　乾隆年间，林爽文在台湾兴兵起义，负责镇压的部队屡屡受挫，引起了乾隆的担心，他表示要御驾亲征。

　　和珅一想，就这几个毛贼，偌大的一个朝廷谁都管不了吗？非要让皇帝前去御驾亲征。于是，和珅在这个时候说话了：皇上，我跟您说，台湾战事不佳有其深刻的原因，您看在您统治的几十年里，对老百姓多好啊，轻徭薄赋，人头税都不征收了，只征一点地税，哪见您这么好的皇上？但是台湾这里肯定不知道您的仁慈，不知道您的恩德，是什么原因呢？领导者的责任，您派去管理台湾的人他没有把您的恩德带到台湾，问题在这里。所以依奴才愚见，两手准备，一是继续用兵；二是换掉台湾的官员。换上一个新的官员，把您的仁德带给台湾人。

　　短短的几句话，乾隆爷听了很受用，很爱听。你看和珅话不多，第一阻止了乾隆爷亲征的打算，第二夸了乾隆爷的功德，第三指出了破敌的方略。几句话，乾隆爷还很高兴，原来就这么点事。你说，乾隆听着得多舒服？他能不喜欢和珅么？

　　更为重要是，年老的乾隆皇帝也与平常的老年人一样，喜欢别人奉承、照顾，和珅就陪伴在乾隆左右，对皇上服侍照顾，体贴周到。和珅虽贵

和珅像

为大学士、军机大臣，但每当皇帝咳嗽吐痰的时候，他就马上端个痰盂去接。

崇庆皇太后在乾隆67岁的时候，以86岁高龄崩逝，乾隆悲恸欲绝，当即剪发，服白绸孝衣，为太后守孝。乾隆罢朝三日，长跪不起，就跟灵堂那儿，谁挽也不回家去，很多人都劝乾隆皇帝，劝乾隆皇帝要节哀，要慎重，要以国家为重，要以大局为重，只有和珅没有劝过乾隆皇帝一句话，乾隆皇帝跟那儿跪着，他也在那儿跪着，乾隆皇帝不起来，他也不走，他自始至终陪伴着乾隆皇帝，一句话都没说，和珅没有劝过皇帝一句话。这个时候和珅知道一切语言都是多余的。

我们在说说乾隆御另一位大臣之间的关系。乾隆八年，大清帝国官场发生了一件大事，那就是杭世骏以汉员身份再提满汉官员待遇不一的问题，由此激怒了皇帝，将杭世骏开除公职，赶回杭州老家。

清朝军事贵族集团在努尔哈赤时期首先推行"以满治汉"政策，而后调整为"以汉治汉"，直到康熙八年明确地说："满汉大小官员，职掌相同，品级有异，应行划一。"而实质上这个政策执行得并不到位，所谓满汉一体的政策不过表现为皇帝本人对汉

努尔哈赤像

族历史文化杰出人物的尊崇而已,如康熙谒孔庙、给孔子行三跪九叩之礼,又如康熙将朱熹理学列为清代正宗思想。

雍正六年,据嘉庆九年的吏部书吏舞弊案有 76 年的时间,整整地涵盖了乾隆一朝六十年。问题从雍正的不肯认账,只说"一二丧尽天良之人",到嘉庆说"诸臣全身保位者多"无奈地承认现实,其间乾隆的盲目与武断是巨大的促成因素。

这年二月,举行了一场选拔御史的考试,愿出任的人每人提交一份政论文。于乾隆元年应博学鸿词科入仕的杭世骏,此时 48 岁,正值为朝廷干大事的年龄,所以他选革除满汉界限为论题。他认为,此种选择既符合满汉一体的国策又能提高行政效率,就写道:"任何主张与见解都不能事先设定,因此,满汉之间的界限不能分得过细。满洲的贤才很多,但与汉人比较,只占十分之三四而已。事实却是,全国的巡抚常是满汉各一半,总督则没有一个汉人。国家为什么还坚持重满轻汉的政策呢?"

就表面文章来论,杭世骏已经掌握得很有分寸,违心地说了"满洲贤才很多"那样的客套话。但是,乾隆不认为杭世骏是在客气地说事儿,他认为杭世骏是"见解悖谬,语中挟私"。大怒之际将杭世骏革除官籍。

说杭世骏"语中挟私"也不无道理,因为在朝为官的他深有体会:皇上召见时,满族官员自己不等点名就自主进殿,而汉员则必等点名,此足以说明"满贵"而"汉贱"。也正是这点儿"私心"即如此体会才促使他把问题上升到国政层次去讨论,更何况前代名臣魏裔介对此问题已有所涉及。所以,当时与杭世骏相识的人都看到他乐观的情形:他交完论文后,有点得意忘形,想与同僚们一起喝一壶。

在皇帝那边呢？大内人士后来传出消息说：皇上看了杭世骏的论文后大怒，把论文扔在地上好几次，扔了又捡回看，看了又扔，真是气坏了！

杭世骏画作

杭世骏这边酒饭未备，大内就传出旨意将他开革，赶回老家去。若是一般的等闲人物，笑容肯定要冷冻在脸上，是为哭笑不得。然而，杭世骏毕竟是博学鸿词科选上来的超级才子，他对惊恐不已的同僚们说："怕什么呀？就算是砍头也会拉到闹市口去砍，污染不了此处我们同住的官寓。"

难得自由身。杭世骏回到老家仁和县不久，很快转到扬州，在一所叫"安定书院"的民间学术机构讲学，一干就是几十年，从无倦色。教书的同时，他还写书、画画，好不自在。既有自由，就难免放纵，如嗜钱好赌就成了他的经典表现。

杭世骏好钱确成癖症，比方说，他每月从书院发给的工资里取出官方正版、品相又好的三枚钱串起来，放在床上，时间一久，积攒了有一尺之厚，还有，他还把收敛破铜烂铁和民间私铸的杂钱，每每倒腾一遍，就弄到了"两手非墨污即铜绿盈寸"的地步。

有一次，一位商人得罪了管其行当的官员，而该官员一向佩服杭世骏的为人，所以，商人就去杭世骏那里求情，"夜半走先生所乞救，并置重金于案上"，没想到杭老先生一挥手将钱袋给扔出门外。离开官场的杭世骏开始了完全属于自己的率性生活。

历史的天空

历史上的奇人奇事

与臣子臭味相同的宋徽宗

宋徽宗赵佶，一个痴迷于琴棋书画，踢球打弹，吹弹歌舞的昏庸皇帝，最终把大好的北宋江山玩完了。高太尉高俅，一个靠蹴鞠起家的市井无赖，由于投靠巴结上了当时还在做端王的赵佶，终于爬上掌管北宋军队的太尉要枢。

赵佶十八岁那年，他的兄长宋哲宗驾崩，因无子嗣，一顶御轿将他从端王府抬进皇宫，登基即位。从此，是好是坏，是走正路还是入邪道，是正经八百当皇帝还是吊儿郎当混日子，他的一举一动，一言一行，就和大宋江山息息相关了。

这个赵佶，艺术智商极高，政治智商极低。唯其如此，才会与一个只会踢球的无赖小人高俅，一拍即合。

高俅早年曾为苏东坡门下的小吏，似乎未见被重用，才跳

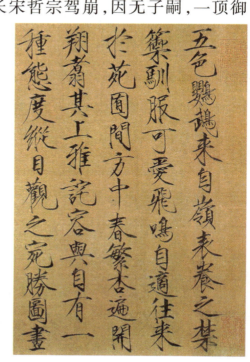

宋徽宗书法

103

出苏门，投奔哲宗皇帝的妹夫小王都尉家，做了个亲随。当赵佶在小王都尉府，一眼看到"气球一似鳔胶粘在身上"的高俅时，顿时眼睛一亮，一见如故，相见恨晚，且引为知己。

小人与小人苟合，是不需要台词的。小人与小人相交，若是混迹于市井之中，也就罢了，若是盘踞在朝堂之上，天下还有不完蛋的道理？自古以来，什么人跟什么人在一起，是有一定规律可循的。有赵佶，才有高俅；而有高俅，就必然是因为有赵佶的缘故。这些年来，凡被双规，被法办的要员，从来没有一个是独行侠，只要提溜出一个来，就必然会像挖土豆似的，提溜出一串或一窝来。

赵佶本来就没有做皇帝的准备，也没有受过做皇帝的训练，加之他的文人气质，艺术家风度，花花公子脾性，浮浪子弟作派，什么人玩什么鸟。所以，他一登帝位，就和与他习性相同，趣味相似，爱好相类，性格相像的一班小人结伴。高俅也就因此从一个市井无赖混到了朝廷重臣，朝堂上聚集着这帮鼠类，大宋江山不完蛋才怪哩！

初时，赵佶在他的潜邸作端王时，再混账，再败家，再不成器，也只是牵涉到他个人，以他为首的小集团，影响也只是区区局部而已。可他一坐上金銮宝殿，情势就不同了，是好是坏，就是关系到社稷安危的大事了。

事实证明，赵佶充其量只能做

端王，不能当皇帝。你看，他一坐上龙椅，凡中国昏庸之君的所有毛病，他都具备；凡中国英明之主的应有优点，他全没有。而且，昏君中最可怕、最致命的弊病：近小人，远君子，宠奸佞，用坏人，都被他集于一身。所以，他当上皇帝以后，朝廷就成了觅食趋饵的鼠类天下。

"物以类聚，人以群分"，高俅的发迹，有点偶然，但也必然，这与昏庸的赵佶重用奸邪小人是息息相关的。不然，怎么会发生后来的"林冲雪夜上梁山"，以及再后来的众好汉啸聚水泊梁山，替天行道呢？

宋徽宗在位期间，重用一帮贪官佞臣，整日贪图享乐，不理朝政，致使北宋国势日衰。朝廷中一些正直的官员，看到国家危亡的处境，决定向皇帝进谏。

当时，一个名叫曹辅的小官就给徽宗上奏章，说皇上您千万

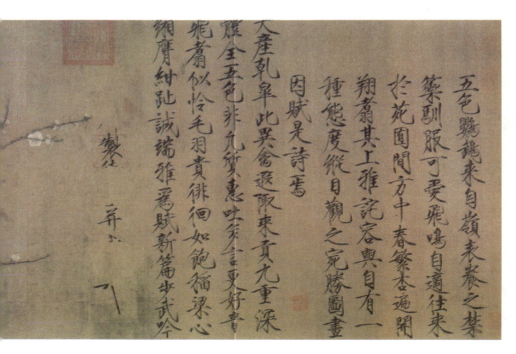

宋徽宗书法作品

不能这样，您这样对得起天地祖宗吗？徽宗龙颜大怒，又不好发作，就让宰相王黼审问曹辅。王黼斥责曹辅说，你是个小官，这事儿是你该说的吗？

曹辅回答得不卑不亢：不管小官大官，爱君之心是一样的，大官不说就得小官说。一句话就把王黼噎回去了。王黼问身边的两个副宰相张邦昌和李邦彦，说你们听说过这种传闻吗？这两个人赶紧回答，我们都没听说过。

宋徽宗像

于是，王黼又对曹辅说，我们做宰相的都没听说过，你这小官怎么听说的，你这不是侮辱圣上吗？曹辅这时大概也豁出去了，慷慨答道，你们是听说了装作没听说，你们这种人根本就不配做宰相，国家亡就亡在你们手里了。

王黼恼羞成怒，于是把曹辅打入狱中，找了个机会将其发配，最后迫害致死。这样一来，满朝文武，再也没人敢提这事儿了。

在这种奸佞当道、忠言绝耳的情况下，宋徽宗这位风流天子整日流连美景、吟诗作画，与一帮佞臣优哉游哉，所以，一场亡国惨祸不可避免地发生了。

屡遭臣子顶嘴的宋神宗

宋神宗是一位有理想有抱负的皇帝，他励精图治，锐意改革，被誉为"一代愤青"。然而，就是这样一位很牛气的皇帝，却屡遭臣子们顶嘴，弄得心情郁闷，牢骚连连。

熙宁年间，神宗起用王安石进行综合体制改革，但遭到士大夫阶层的激烈反对。神宗执意要把改革进行下去，为此，他充分发扬民主，亲自主持了一场改革可行性论证会。

熙宁四年三月，论证会如期召开。会上两派的观点水火不容。"力挺派"的总代表自然是宋神宗，而"拍砖派"的核心人物是比神宗年长 40 多岁的元老级人物文彦博。这文老头是历史上有名的寿星宰相，曾伺候过神宗的爷爷宋仁宗和爸爸宋英宗。仗着这点资本，老文底气十足，根本没把 20 岁出头的神宗放在眼里。

辩论中，文彦博放出狠话："祖宗(指宋太祖)法制俱在，根本用不着变哪门子法，硬整，只会丧失人心。"这话显然是冲王安石说的。不料神宗忍不住了，说出一句很能代表群众利益的话："这场改革，对士大夫来说固然不爽，然而对百姓来说却没什么不好。"这话说到了文老头的痛处，他愤然冲神宗顶道："陛下请别忘了,您是在同士大夫治天下,而不是与百姓治天下!"

嘿,文老头够牛,跟皇上顶嘴眼都不带眨的。也是,人家牛有牛的道理——三朝元老,五十载将相,谁人比得了?所以倚老卖老有资格。然而,还有比文老头更牛的,资格不够,照样敢跟天子顶嘴。

元丰年间,陕西方面对西夏用兵失利,神宗非常恼火,打算抓个典型杀一儆百,内定的这个替罪羊是一名漕运官员。神宗把这事交给宰相蔡确去办。

次日上朝,神宗一见面就问蔡确:"蔡卿,昨日之事可办好了?"

"臣正要向您说说这事。"蔡确脸上堆着笑答道。神宗一听这口气,知道事情办得不爽快,遂不高兴地说:"这么明确的事叫你办你就办好了,难道还有什么疑问?"

"有啊,皇上。"蔡确不紧不慢地回答,"祖宗以来,未尝杀过士人,您这么做是要开先例喽!"

闻听此言,神宗心里咯噔一下:可不是嘛,怎么就没想到这茬儿呢?杀个人事小,坏了名声事大。看来这恶例还真是开不得。但这厮贻误大事实在可恨,必须治罪。

于是指示蔡确:"既然如此,不杀也罢。但你听好了,给我刺上字,发配到穷山恶水的偏远之地。"蔡确心想,执行吧,老大已经做了大大的让步。说来也怪,这神宗朝的大臣跟受了传染似的,个个敢和皇上顶嘴。

要知道,在中国的封建王朝中,宋神宗赵顼也算是一个名人。这个赵顼,是个雄心勃勃的年轻皇帝,并非所有和赵顼唱反调者,都是贪生怕死之辈,都是因循守旧之徒,都是心甘情愿花

历史的天空

历史上的奇人奇事

大笔银子和丝绸向辽人买和平的草包。

但凡头脑清醒的人士都知道，面对冗官、冗员、冗兵、冗费的不可收拾，大宋王朝如同一艘超载的旧船，不马上进行自我修缮完备，已经不能再承受任何风浪了。焉能再进行兴兵讨伐，恢复疆土的战争。到处碰到的都是摇头派，都是灭火器，弄得赵顼灰头土脑，很是郁闷。

一日，他身着戎装，头戴金盔，来到后宫。想让太后瞧瞧他的英武模样。谁知两位老太太看得直皱眉头，赵顼大大地讨了个没趣。所以，王安石一出，让这位皇帝一下子找到了知音。于是，"帝遂适如所愿，不觉如鱼得水，如胶似漆，则倾心纳之。"就这样，王安石将其多年积累下来的改革主张，顺理成章地推行到宋朝的政治生活中。

宋神宗是要打仗的。不打仗，如何收复失地？不收复失地，如何建立不世之功勋？说到底，理想主义的美丽言词，最能打动的是热血沸腾的青年。王安石和宋神宗的合拍，就是那近乎神话的光明前景。

王安石的新法，也就是他的改革思路，早在宋仁宗时期，就曾小试

宋神宗像

锋芒，但仁宗不是神宗，未予赏识，寝其言不用，淹蹇而归。若干年后，神宗对他宠信有加，他也以圣人自居，要用他的新法，对大宋王朝作起死回生的挽救。

而这位要打仗的年轻皇帝，在王韶取得熙河之胜后，一心求战，随着战争的失利，元丰八年三月，三十八岁的赵顼驾崩于宫中。谥为神宗。神宗死后次年，元祐元年四月，王安石也离开人世。变法终归于止，王安石的改革以失败而告终，拥王派也作鸟兽散。

宋神宗好不容易遇到一个不与自己顶嘴的王安石，却终究以变法失败为终。

王安石塑像

枉负忠臣心的明英宗

"粉骨碎身浑不怕,要留清白在人间。"这首诗歌是少年于谦托物言志,但一诗成谶,作为大明的一个关键时刻保卫首都的忠臣,在英宗"夺门之变"后,被杀死在刑场,真正地"粉骨碎身"了。

正统十四年,明英宗听信太监王振的建议,贸然亲征瓦剌,被敌人俘虏,瓦剌骑兵一直抵达到北京城。于谦主持国务,否决了迁都南京的建议,带领军民取得北京保卫战的胜利。因为瓦剌要扣押英宗以要挟明朝,于谦等人拥立英宗的弟弟代宗为帝,粉碎了瓦剌的图谋。

于谦因此成为了大明的第一功臣,得到代宗的信任是理所当然的。但是他也为自己埋下了杀身之祸的隐患。

在英宗失去利用价值后,瓦剌让明朝迎接英宗回家,于谦此时应当极力劝说代宗,让英宗永远滞留在异域,或者在迎接的途中,如当年洪武帝朱元璋对待小明王一样,授意手下部将廖永忠在途中害死小明王。

可是他们好好地让英宗回了北京,尽管软禁了英宗,防止他东山再起,尽管英宗也发誓不再复位。侥幸活了一条命的英宗,此时在弟弟的屋檐下,他当然什么话都能说。但权力的诱惑实在太大了,誓言算什么? 亲情又算什么?

景泰八年，代宗突染重病，卧床不起，而太子这时已经早逝，皇位继承权发生了问题。武清侯石亨、御史徐有贞、太监曹吉祥等大臣勾结了起来，在正月十六日凌晨发动政变。拥着英宗登上御辇到东华门外。

守门禁军见是太上皇，不敢阻拦，石亨挥军直入东华门，扶英宗入奉天殿。这时天已启明，群臣进宫早朝，见英宗已端坐在宝座上，均大吃一惊。英宗安抚群臣说："景泰帝病重，大家迎我复位，你们各安其事，各安其位吧。"又过了一个多月，景泰帝病故，享年三十岁。

英宗复位成功后。徐有贞和石亨唆使谏官弹劾于谦、王文，谋划迎接亲王之子入宫继位。都御史萧维祯说："此事出自朝廷，你不接受罪名也难以幸免。"于是罗织罪名，以"意欲"二字附会成罪，当处以极刑。奏报到英宗那里，英宗说了句："于谦实有功。"徐有贞说："不杀于谦，此举为无名。"

要证明复位的合法性，于谦必须死，尽管从英宗到构陷他的众臣，以及全天下的老百姓，都知道于谦是冤死的，但在最高权力的归属这样大的利益面前，一个人的生命算得了什么？

于谦以"意欲迎立外藩"获罪，和岳飞因"莫须有"罪名丧身如出一辙。

犹豫不决的代宗把英宗接回来。祸根是他自己种下来的。于谦自取其祸的根本原因是他太刚直忠贞，心里只有朝廷的威望，而没有考虑个人的安危。这样的人，在中国杀机四伏的宫廷政治中，被杀掉是情理之中的事。

与佞臣为舞的汉成帝

公元前 12 年，曾做过槐里县令的朱云上书求见皇帝，汉成帝刘骜在朝堂上接见了他。在朝堂上，当着众公卿大臣的面，朱云对汉成帝说："当今的朝廷大臣，上不能辅佐皇帝处理国家急难的大事，对皇上的过错也不能指出来；下不能做一些有益于老百姓的事情。他们不说真话，不办实事，都是一些占着位子，领取俸禄而不干实事的人。臣请求皇上赐予臣尚方斩马宝剑，以立斩一个佞臣的人头来警告其他人。"

汉成帝问："这个人是谁？"朱云回答："安昌侯张禹。"汉成帝闻言大怒，道："你一个居于下面的小小县令，懂得什么？竟敢讪讪诽谤朝廷大臣，当廷折辱朕的老师，你犯了不可饶恕的死罪。"

说完，遂令御史将朱云拿下，当卫士前来押解时，朱云抱住大殿的槛栏不松手，以至连槛栏都弄断了。朱云大呼："臣能够追随龙逢、比干而游历于九泉之下，就是死了，也心甘情愿。但这样下去，不知道我们汉朝会是一

汉成帝陵墓

个什么样的结果。"御史终于将朱云押了下去。这个小小的县令也真够胆大的,在朝堂上,不但公然打击了公卿大臣,竟然还提出要斩皇帝的老师安昌侯张禹的头。

安昌侯张禹,何许人也?安昌侯张禹是汉成帝最信任的人。他虽然年老多病,但仍以特进的身份做汉成帝的老师。他整天待在家里,既不用上朝,也不用干活,可当国家有大事时,皇帝一定要与他商量后,才能做出最后的决定。

张禹曾请求汉成帝把平陵肥牛亭的土地赏赐给自己,准备在这里建造坟墓。在朝中掌握大权的曲阳侯王根坚决反对,他反对的理由是,这块地位于汉昭帝陵寝庙的前面,是祭祀昭帝和王公贵族出游时的必经之路,不宜赐人,请皇帝另外赐一块地给张禹。

但汉成帝没有听从王根的意见,照样把肥牛亭这块地赐给了张禹。于是王根对张禹的格外受宠十分记恨,经常在汉成帝面前贬毁张禹,而汉成帝却越加敬重、厚待张禹。

张禹每次生病,汉成帝都要询问他的病情和饮食起居,并乘车到张府问候,甚至亲自到张禹的病榻前恭拜,张禹则在榻上叩头谢恩。张禹的小儿子没有官职,他利用皇帝来探视他的时候,数次以目注视其小儿子,汉成帝看出了他的意思,就在他的病榻前,任命他的小儿子为黄门郎、给事中。由此看来,托情要官,自古早已有之,传至今时,也就早已见怪不怪了。

当时,不少朝中大臣以及民间士人上书皇帝,讥讽说天灾变异都是由于王根家族专权所致,这是上天的警示。王氏家族也确实擅权,而且已经到了天怒人怨的地步。汉成帝也认为如此,只是还不能完全确定下来。

于是,他乘车来到张禹府中,退去左右,亲自向张禹询问天

历史的天空

历史上的奇人奇事

汉成帝像

灾变异之事,并把大臣和士人对王氏的抱怨告诉了张禹,要张禹帮他拿主意。其实,张禹也不是什么正人君子,他知道自己年老有病,来日无多,子孙又多不成器,加上平日就与曲阳侯王根不和,怕到时扳不倒王根,反而使其更加怨恨,自己死后,子孙的日子就不会好过了。不如借机送个人情,让王根感激自己,为子孙留条后路。

于是,他对汉成帝说:"在《春秋》一书中出现的日食、地震等现象,或者恰好碰上诸侯相互攻杀,或者恰好碰上外族侵扰中国,这些天灾变异的出现,是很难说清楚的。所以孔圣人很少谈论天命,也不说神怪,关于性命与天道的联系,孔子更是没有说过性命与天道有关系这些话,都是子贡这些见识肤浅的腐儒所说的。陛下应该励精图治,用善行治理国家,与天下人福乐与共,这才是治国的要义所在。那些新学小生的话,都是胡言乱语,很容易误导人,请陛下不要相信。"

汉成帝因为极其信任和尊重张禹,所以此后不再怀疑王氏专权了。王根和王氏子弟听说这件事后,都非常高兴,王根也因此十分感激张禹,并和他亲近了许多。张禹这一番话,听上去冠冕堂皇、貌似公允,可他却是为了自己的一己私念说了假话,致使汉成帝从此解除了对王氏家族专权的警惕,从而导致了西汉江山不久后便被王莽所篡夺。

君臣关系纠结的汉宣帝

赵充国,西汉著名将领。汉武帝时为车骑将军长史,汉昭帝时为后将军,后与大将军霍光等人拥立汉宣帝刘询有功。封为营平侯。公元前61年,西北羌人反叛犯边。赵充国当时已年逾七十,朝廷议论出兵之事时,皇帝认为他已经年老。便派御史大夫丙吉去问他:"谁可为将?"

赵充国答道:"没有比老臣更合适的人选了。"皇帝又派人去问:"请将军预测一下,如今叛羌形势如何?平羌须要多少兵马?"

赵充国答道:"百闻不如一见,用兵之事很难远距离预测,臣愿意驰往金城,然后确定作战方略,那些反叛的羌人,不久就能消灭。希望陛下把平羌的任务交给老臣,不要再为这件事担忧了。"汉宣帝高兴地说:"好!"

神爵元年六月,赵充国率领一万骑兵到达金城后,利用羌人内部的矛盾,采取分化瓦解的办法,实行各个击破。先是打败了反叛羌人中最强大的一个部族,接着又收服了另一个部族,继而稳住了西部边疆。为了防止羌人的再度反叛侵扰,赵充国准备上书汉宣帝,提出留兵屯田,以待反叛羌人疲敝,并通过怀柔的办法来招抚羌人。

率部同在西北平乱的赵充国的儿子中郎将赵昂，知道了父亲的屯田奏章后很担心，特地派说客前来劝阻。来人说："皇帝已经下令出兵，决心破军杀将，武力征讨。将军坚持屯田固守也可以，但关于武力征讨与屯田固守其中的利与弊，又何必去力争呢？一旦不合皇帝的意志，皇帝派绿衣使者追究下来，将军不但不能自保，又何以安国呢？"

赵充国叹了一口气，然后，斩钉截铁地说："何出此不忠之言？我就是要以死来坚持自己的主张，对圣明的皇帝，就应该以忠言相告。"

他没有接受儿子的劝告，经过深思熟虑后，坚持实事求是地反映情况，提出策略。汉宣帝接到赵充国的上书后，便让其复奏，这样做，何时能平定叛乱的羌人。赵充国又上书详细地讲述了屯田的各种利害，共列出十二条利来。对赵充国的每次上奏，汉宣帝都很慎重，每次都批给王公大臣去讨论。最初，赞成赵充国观点的大臣只有十分之三；后来，赞成的达到十分之五；最后，认可赵充国建议的达到十分之八。汉宣帝诘问前后看法不一致的大臣，为什么会这样？

这些大臣皆拜伏于地，表示经过再三讨论，认为赵充国的建议是对的。特别是丞相魏相十分坦诚地说："臣对军事不

赵充国塑像

了解，不懂得其中的利害关系，是看了后将军一次又一次的军事谋划方略奏册，才了解到他的意见是对的，他的计谋是完全可行的。"于是，汉宣帝批准了赵充国的屯田建议，并嘉奖了他。

这年五月，赵充国又上书汉宣帝："羌人的军队原来有五万人，在征讨中被斩杀了七千六百人，先后归降的有三万一千二百人，在黄河、湟水中被淹死和后来被饿死的有五、六千人。这样计算下来，跟随其首领逃脱的也不过四千人，而且，已经归降的羌人首领表示，一定可以擒获这些羌人。在这种形势下，我认为可以撤回屯田的军队了。"皇帝批准了赵充国的奏章，赵充国凯旋而归。

当赵充国率军回朝时，他的好友浩星赐前去迎接，并对他说："朝中大多数人都认为，平定羌乱是由于破羌、强弩二将军率军出击、斩杀、生擒，使羌人溃败的结果。当然，也有有识之士认为，羌人已经力疲势穷，即便不出击斩杀，他们也会自己投降的。请将军在晋见皇帝时，最好把功劳归于领军出击的两位将军，而不要说是由于你招降和屯田的结果。因为，这样说也不失为上策。"

而坚持实事求是的赵充国却不愿意这样做，他对这位好心的朋友说："我已经老了，爵位也已经到顶了，边事不可妄言。我不避讳讲自己的功劳，也不愿意故作谦虚去欺骗皇帝。用兵打仗，国之大事，应当为后人留下有益的经验教训。我亲临战场，如果不趁现在如实向陛下讲明军事实情和利害关系，倘若我突然死了，还有谁能再说出这些实情呢？"

上朝时，赵充国实事求是地向汉宣帝讲了西北边境的实情和自己的看法，皇帝同意了他的奏请。免去了辛武贤的破羌将

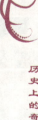

军,仍派回酒泉任太守,赵充国也复为后将军。

在历史上的汉宣帝并不是被史家所关注,但是他的登基却是要感谢一位臣子霍光。

从汉武帝刘彻托孤起,近20年大汉王朝的实际统治者是霍光。废了昌邑王刘贺,汉家还是得有个皇帝呀。霍光自己没这个想法,就想起了那个没事找抽的眭弘的话了,便记起刘彻还有个重孙刘询流落在民间。

和几个大臣一商量,居然还真有人知道:没娘的孩子天照应。这刘询从监狱出来后,就寄养在了山东外婆家。以前他爷爷卫太子刘据的几个现在仍在朝中为官的手下如张贺丙吉等,因为同情他的不幸遭遇,可能也有提前烧冷灶的意思在里面了,一直很关心他,为他请

汉宣帝墓

了当时名士教授学业,为他以后做一个好皇帝打下了很好的基础。

虽然刘彻还有别的直系后代,但一说到这个刘询,朝中大臣几乎就是一致通过,而且把他说的好得不得了:通经术,有美才,行安节和。抛开表面的"天下为公"外,说穿了,大家真实的想法却是:刘询出身寒微,没有自己的班底,不会像那个昌邑王刘贺

一样亲信一大堆，再不把朝臣放在眼里。

刘询即位后做的一件大事，就是去祖庙祭奠先人。到了那一天，刘询乘坐一辆装饰华丽的马车，霍光就坐在马车一侧陪侍，刘询看见霍光身材高大，脸容严峻，就想起了他那个高高兴兴来当皇帝却仓皇般如丧家犬般离去的叔叔昌邑王刘贺，不由自主地觉得非常畏惧，惶恐不安，就像有芒刺在背上那样难受。

不怕不行哟，这个时候霍家的势力在整个朝廷是盘根错节你怎么弄都很难搞清楚谁谁是不是霍家的人，刘询就这样小心翼翼地低调做人，一不小心，还是出了大事，让他彻底领教到了霍家势力的骇人。霍家和满朝文武都想把霍光小女儿霍成君嫁给刘询做皇后，很聪明的刘询这会却犯了一个大错，下诏要找回以前用过的宝剑。满朝大臣都明白他是顾念旧情了，就立了他在民间娶的媳妇许平君为皇后。

霍光的老婆霍显是个愚蠢而又固执的女人，做事是不达目的誓不罢休。她决定一定要让女儿霍成君成为皇后，就派人毒死了许平君。刘询当然很愤怒，下令这事一定要一查到底。霍显慌了，就把事情真相告诉了霍光。

刘询最危险的时刻来临了，霍光对刘询说天下需要安定，不该再兴大狱。御医说了许皇后是正常死亡，陛下节哀顺变吧。看着霍光，这时的刘询一定不光是"芒刺在背"，而且该是毛骨悚然了。他知道：在这皇家深宫大院里，他既然保护不了自己的老婆，也一定没办法能保护了自己。

刘询继续"戒急用忍"的蛰伏，霍光的文治已使大汉从刘彻晚年的极度衰弱中恢复了元气，这会儿静极思动，想建立一番赫赫武功，给一生的功业画上一个圆满的句号，就发动了对匈奴的大战。

霍光为了保证讨伐匈奴战役的胜利,集中了 15 万骑兵由五位将军率领,分五路向匈奴境内进行了大规模的扫荡,同时派了校尉常惠带了一个军事顾问团远赴乌孙,指导乌孙作战,获得大捷。

刘询让他带着礼物去乌孙赏赐作战有功人员, 没想到他却想起傅介子的往事了,说那个龟兹国上次杀了汉使还没有算账,这次顺便就灭了他。

霍光像

刘询是有股豪侠气的,看不上那些鸡鸣狗盗的勾当,不同意常惠这样做。大将军霍光却对常惠说,你看着办吧。常惠居然就以大汉名义征调乌孙等国兵马,把龟兹给打投降了。

俗话说:人强不如命强,命强不如寿长。再威风显赫就如康熙大帝一样"真的还想再活五百年"也抗不过生老病死的自然规律,霍光对匈奴风光了一把后,应该是一辈子该做的事都做了,也就死了。

霍光还算识时务,死的正是时候,他要再长寿点,刘询一定不会一直"芒刺在背"下去,会发生什么事就是无法想象的事了。霍光一生受刘彻之托,忠刘彻之事,对大汉王朝是忠心耿耿,殚精竭虑,然而后世史学家对他的评价竟然是:不学无术。

防臣如防贼的崇祯皇帝

崇祯帝朱由检是天启皇帝明熹宗的弟弟，哥哥做皇帝时他被封为信王按祖制居留在外藩。这天启帝是个没读多少书的糊涂皇帝，在位七年最大的乐趣就是干木匠活，朝政全权委托伺候他长大的太监魏忠贤。

魏忠贤最后权倾天下，称"九千岁"。天启帝虽然糊涂但性格厚道朴实，他特别喜欢自己的弟弟由检，因此魏忠贤数次想构害信王时投鼠忌器，这一点在帝王之家是少有的。

天启帝驾崩后没有子嗣，遗诏命信王进宫继承皇位。朱由检一则以喜，一则以惧，独身进宫，被魏忠贤这些太监环伺，名义上握有天下之权，实际上连自身的安全未必有保障。

刚刚进宫为天启帝守灵时，崇祯帝吃的是从家里带来的干粮，忍着渴不喝宫里的水。真是难为这位十八岁的新皇帝。这番防备并非多虑，斧声烛影的宫廷变故史书上有的是。

当崇祯皇帝感觉到自己的人身安全基本有保证时，还是不敢得罪魏忠贤。魏忠贤投石问路，让另一个权监王体乾提出辞呈，崇祯帝好言慰留，稳住魏忠贤一派，可另一方面慢慢地消除魏忠贤的爪牙和强援，并巧妙地向天下散布某种信息。比如他把上书主张将魏忠贤的名位移入国子监和孔子一起拜祭的两位监生逮捕。

崇祯帝的一番行为，立刻让大臣们嗅出点什么，特别是当年被阉党迫害的东林党人残余以及他们的同情者。明朝的权争，基本上是阉党和文官集团之间展开的，皇帝靠文官来治理天下，却靠阉党掌握特务、警卫人员，监视百官，二者之间的争斗是皇帝愿意看到的。

魏忠贤此时只能步步败退，他能仰仗的技法就是"死人压活人"，因为他做的那些缺德事，都是打着先帝天启帝名义的，而天启帝待崇祯特别好，如果崇祯帝铲除魏党，平反错案就等于否定自己哥哥天启帝当年的施政，也等于说天启帝当年是个糊涂蛋。

魏忠贤不得已只能以退为进，提出辞职，崇祯帝顺水推舟答应了。这下魏氏弄巧成拙，一旦没有职务，真是墙倒众人推，弹劾他的奏章雪片似的飞到崇祯帝的案上，几乎人人皆欲杀，崇祯帝利用舆论的力量趁热打铁将魏忠贤贬到凤阳替皇家看守祖陵，看到大势已去的魏忠贤，在半路上自杀。

魏忠贤死了，按理说完全可以把所有的坏事推到他身上就行了。但他提拔的官员还把持朝廷要津，崇祯帝如果不把

魏忠贤像

这场斗争引向深入,将魏党除根,他的权力布局意图是很难达到的。魏党余孽当然要反击,他们的招数还是不外乎拿先帝既定政策做幌子。

崇祯帝很聪明,面对因毁弃《要典》而可能有人质疑他辜负亡兄天启帝的信任,他说有了熹宗皇帝的实录,不必有《要典》,熹宗皇帝的光辉形象在实录中留给后人景仰。然后下旨说:"从今以后,官方不要以天启朝东林党人事件来决定好坏丑恶的评价,天下的人才不要依照《三朝要典》来决定进退。"

魏党还留在朝廷的人很快就清除了,崇祯帝大胜。

崇祯皇帝像

拿大臣没办法的宋真宗

寇准,字平仲,华州下邽人。宋太宗太平兴国五年进士,淳化五年为参知政事。寇准之所以能流芳百世,其实也只因一件事,那就是中学课本里讲的"澶渊之盟"。

宋景德元年,辽军大举侵宋,寇准力主抵抗,并促使宋真宗渡河亲征,与辽订立"澶渊之盟",暂时稳定了局势。《宋史》上提到寇准最多的就是两个字"正直"。

"澶渊之盟"后,有人对皇帝说:"陛下闻博乎?博者输钱欲尽,乃罄所有出之,谓之孤注。陛下,寇准之孤注也。斯亦危矣。"意思就是皇上听说过赌博吗?赌博就是倾其所有孤注一掷,寇准就是把您当作他的"孤注"啊。这个比方应该说是恰如其分的,当时的中央并没有势力和辽国抗衡,会盟前,寇准曾经威胁和谈代表,说要是超过了某某数,就要砍他的头。想来皇帝听了这话,心上一定会隐隐作痛吧!

寇准一生为官远不止"三起三落",但都是因其不"正"而导致的,仗着"澶渊之盟"有功,寇准的权力欲达到顶峰。

"契丹既和,朝廷无事,寇准颇矜其功,虽上亦以此待准极厚。"因而，寇准得以毫无顾忌地大权独揽，实行宰相专政，常常居高临下咄咄逼人地左右皇帝。特别是在人事任免上，包括本来依制度不应由宰相插手的御史任用上，寇准都大权在握。

史载："准在中书，喜用寒峻，每御史阙，辄取敢言之士。"寇准以"进贤退不肖"为己任，而不愿遵守规定，"尝除官，同列屡目吏持簿以进。准曰：'宰相所以器百官，若用例，非所谓进贤退不肖也。'因却而不视"。当时中央流行着一种偏见，瞧不起南方人，寇准也终生瞧不起南方人，一直排斥南方人。

寇准第一次为相后不久即被他所瞧不起的南方人王钦若排挤罢相。罢相后出知陕州，寇大人基本上不理政事，沿袭多年官场的旧习，终日宴游。

寇准虽有重名，所至终日宴游。所爱伶人，或付与富室，辄厚有所得，然人皆乐之，不以为非也。"还有记载说寇准在知天雄军任上，与知雄州的李允则相互设宴，竞比奢华之事。大概因为政治失意，寇准终日与酒相伴，还曾写《醉题》一诗："榴花满瓮拨寒醅，痛饮能令百恨开。大抵天真有高趣，腾腾须入醉乡来。"

一次过生日时，寇准大摆筵席，广邀宾客，当所有人到场之后，他突然穿出了一件新衣服，那是一种黄色且绣

宋真宗陵墓

龙的皇帝制服,地地道道的龙袍!这消息立即如披上了羽毛般传进了京城。皇帝把宰相王旦叫来,问:"寇准乃反耶?"王旦听到大惊,立即表示去信呵斥,竟把大事化小了。

宋大中祥符七年六月,在王旦的力荐下,寇准重回权力之巅,任西府枢密正使。两个人本来应该同心合力,但寇准似乎不大瞧得起这个晚于他为相的同年。因此,他不是以合作的态度与王旦共事,而是不时地给他找些麻烦。寇准对东府送来的文件,总是要千方百计地找差错,找到了,并不与东府商量,直接呈报给皇帝,借皇帝来责罚王旦,有意出东府的丑。

一报还一报,后来,东府的人也有样学样,凡西府送去的文件,他们也找岔子,以报复寇准。但王旦却没有以其人之道还治其人之身,而是直接把文书退给了枢密院,没有报告给宋真宗。当枢密院吏把这件事汇报给寇准时,寇准感到非常惭愧,第二天,见到王旦,对王旦说:"王同年大度如此也!"

王旦的行为虽然让寇准感动不已,但寇准还是一有机会就不放过攻击王旦。他的行为与后来王旦处处保他相比较,真是"复复何言"。

当寇准得知将要被罢免枢密使时,便托人求王旦要更高一点的官。对于寇准这种跑官要官的做法,王旦感到很吃惊,说使相怎么可以自己要求呢,并表示他不私下接受别人的请托。

王旦这种态度使寇准又羞又恼,"深恨之"。但当宋真宗问起王旦,寇准罢枢密使后应当给他个什么官时,王旦却说:"准未三十已蒙先帝擢置二府,且有才望,若与使相,令处方面,其风采亦足为朝廷之光也。"在寇准为使相的任命颁出后,"准入见,泣涕曰:'非陛下知臣,何以至是!'上具道旦所以荐准者。准始愧叹,出语人曰:'王同年器识,非准所可测也'"。

王旦为相12年,病重之际,宋真宗让人把王旦抬进宫中,问以后事:"卿万一有不讳,使朕以天下事付之谁乎?"王旦开始并不直接回答宋真宗的提问,仅说:"知臣莫若君。"

宋真宗没办法,只好一一点名来问,王旦都不表态。最后,真宗只好请王旦直说:"试以卿意言之。"王旦这才说:"以臣之愚,莫若寇准。"但宋真宗对寇准的性格不满意,说:"准性刚褊,卿更思其次。"这时,王旦固执地坚持:"他人,臣不知也。"

在皇帝眼里,寇准心胸狭隘,又过于偏执。与其他大臣也屡有冲突。无论君子、小人,都不喜欢他,宋真宗因此也不愿碰这只烫手山芋。

但是,毕竟有王旦临死前的推荐,寇准终于找到了机会。天禧三年,永兴军内有个叫朱能的巡检,勾结内侍周怀政伪造了天书。寇准为了迎合热衷此道的宋真宗,上奏云"天书降于乾佑山中"。果然此计奏效。十来天后,寇大人就被召赴京。到这年六月,王钦若因事下台,寇准为相。

然而,这一次,寇大人一上来就碰上了丁谓这样一个才气和才干都比他高的对手。寇准在和丁谓的争斗中,因为看不起刘皇后而得罪了她。担心自己的处境,寇大人决意发动政变。然而,机事不密,一次酒后失言,自己走漏消息,被丁谓的亲信觉察到了,很快寇大人就走上不归路,曾被寇准压制过的冯拯等多人纷纷出了口恶气。

半年后,真宗还念念不忘:"寇准之居相位,多致人言。"

崇信宦臣的明武帝

明孝宗弘治四年，明孝宗的嫡长子朱厚照，即后来的明武帝诞生了。由于孝宗皇帝只有张皇后这一个妻子，所以朱厚照生下来不到半年就被立为太子，孝宗只有这个儿子，自然深得孝宗和张皇后的溺爱。朱厚照少年时喜欢骑射，孝宗想治国安民也少不得武功，就没有干涉。

弘治十八年，孝宗病危，就把大臣刘健、李东阳、谢迁叫到乾清宫，面谕道："朕承祖宗大统，在位十八年，今已三十六岁，不意二竖为灾，病不能兴，恐与诸先生辈，要长别了。"

并亲自握着刘健的手说："东宫质颇聪颖，但年尚幼稚，性好逸乐，烦诸先生辅以正道，使为令主，朕死亦瞑目了。"有句话说得好"知子莫若父"，后来武宗行事果然不出孝宗所料。

孝宗死后，年仅十六岁的朱厚照登上了皇位。少年

明武帝陵

天子自然要找点乐子。文官集团马上来了精神,奏折如雪片似的飞来,大学士刘健把它们集中起来,搞了个精装版,主要有五条内容:一、皇帝单骑出宫,不带随从;二、皇帝在宫内乱转;三、皇帝去北海划船;四、皇帝喜欢打猎;五、皇帝乱吃零食。然后,几位老先生把这份精装版奏折以关系到国家兴亡的郑重态度交给了武宗。

武宗忍了一段时间,又去行乐,另一位大臣杨守随立刻苦谏道:"我听说皇上去西郊打猎、南城登高、还在宫中练兵,这都不是天子应该做的。"文官集团拿已经听腻说教的皇帝没有办法,于是他们得出的结论是"皇帝身边有小人,必须除掉这些人,国家才能生存。"

武宗为太子时,已经宠信宦官刘瑾。刘瑾和他的七个朋友马永成、谷大用、魏彬、张永、邱聚、高凤、罗祥等称作八虎。给事中陶谐,御史赵佑等,看不过去就上表弹劾。

刘瑾为人阴险狡猾,想方设法鼓动武宗玩乐,每天进奉鹰犬狐兔,还偷偷带武宗出去逛,哄着武宗高兴,因此很受武宗的宠信,并逐渐掌握了大权,总以各种名义逼迫别人向他进贡,没有钱财礼品的,就会立刻被他逼死,朝廷中无人不恨,无人不怕,却又只好顺从,人称"立地皇帝"。

武宗将原奏发回内阁讨论,户部尚书韩文和下属讨论时,为天子被小人蒙蔽大哭起来,郎中李梦阳建议他上表弹劾刘瑾,韩文毅然说道:"汝言甚是。我年已老,一死报国便了。"

于是两人一起起草了份奏折,又叫了不少官员在上面联名签字。等武宗上朝时当面呈递。武宗看完,不由得愁闷起来,退了朝不停哭泣,连中午饭也不吃了。踌躇了半天,派了司礼监宦官

去内阁与大臣们商量，一日来回了三次，说自己准备将刘瑾等八人流放到南京。

没想到大学士刘健推案大哭道："先帝临崩，执老臣手，嘱咐大事，今陵土未干，遂使宦竖弄权，败坏国事，臣若死，何面目见先帝？"谢迁亦正色道："此辈不诛，何以副遗命？"于是大臣们群情激昂，非要将刘瑾等人处死方心满意足。

武宗只好让太监向大臣们求情说："各位先生忠君爱国，所言甚是，但这几个人跟我很久了，不忍心杀掉他们，这事先放一放。"大臣们坚决不肯答应。

刘瑾

这事一拖延，很快被刘瑾知道了，八虎半夜去在武宗面前痛哭，说是有人诬陷他们，武宗相信了小时的玩伴，很快，上书的大臣除了李东阳以外，全被强迫退休，而朝政大权落到了刘瑾的手中。

刘瑾的好日子没过多久，正德五年，因为他牵扯到宁夏安化王谋反的事，被明武帝派宦官张永逮捕处死。

正德十二年。蒙古达延汗率领五万骑兵入侵。明武帝听说后准备御驾亲征，借此体会战争的实况，并且检验几年来练兵的成效。文官集团想起英宗的土木堡惨败，自然极力反对。明武帝富有想象力，既然那些老先生们说皇帝不能亲自上战场，于是明武帝任命自己为"总督军务威武大将军总兵官"，然后自己命令自己带军上战场杀敌。

不过"威武大将军"要出去也困难重重，首先是御史张钦不让他出关。他只好等了几天，等张钦去巡视白羊口时才微服出关。出关之后立刻命令边防军堵住关口,不许让任何文官出关相随。

前后四个月,北京的臣僚几乎和皇帝完全失去联络。但明武帝并不是把国家大事丢下不管了,他的第二道命令就是北京官员们把应该递交的公文交给专使,由专使送到行营自己处理。

十月,明武帝终于盼到了一显身手的机会。蒙古小王子部五万人前来与明武帝亲率的六万明军会战,明武帝非常高兴,亲自布置方略,同时命令户部拿出一百万两白银准备赏赐立功将士,户部却和皇帝讨价还价,最后同意拿出五十万两。

第二天蒙古主力又来,双方大小百余战,武宗在前线的战车曾险些被包围,两军从早晨一直打到晚上,最后,小王子自度难以取胜,引兵西去,明军取得胜利,史称"应州大捷"。

明武帝兴高采烈地回到了北京,把俘获的武器装备陈列于官门之前作为战胜的证据。还特制了纪念这次不世之功的银牌,上附各色彩带。但翰林院全体官员拒绝向他祝贺。文官集团坚决不承认这次胜利。据《明史》记载,明军亡五十二人、伤五百六十三人,而仅仅杀敌十六人。

没想到几个月后传来消息,江西南昌的宁王造反,明武帝听到后不但不气愤,反而高兴。这位酷爱舞刀弄枪的万岁爷总算找到一个机会可以率兵打仗了,于是决定御驾亲征,去锦绣江南闹了一年。

正德十五年,朱厚照在淮安府清江浦模仿渔民打渔时落水染病,第二年死在了北京。

偏信佞臣的秦二世

秦始皇三十七年,公元前 210 年 10 月,秦始皇第五次出巡,后在途中病倒,并且病势不见好转,秦始皇觉察到自己大限将至,经过一番思虑后,决定传位于长子扶苏。

当时除了随行的胡亥、赵高和五六名宠幸之臣知晓始皇已逝外,其余的人均被蒙在鼓里。秦始皇驾崩后,赵高开始了自己扶立胡亥的阴谋,赵高先是带着扣压的遗诏来见胡亥,劝他取而代之。

胡亥碍于忠孝仁义,并且又担心丞相李斯不赞同,所以在开始的时候并未答应。赵高见状便表示自己愿意替胡亥说服李斯,至此,胡亥同意了赵高拥立自己的计划。胡亥答应后,赵高便对李斯说出了自己的计划,李斯反对后,赵高又拿李斯和公子扶苏、将军蒙恬比较了一番,接着又说如果扶苏继位,李斯丞桓之职

指鹿为马塑像

133

必被蒙恬所取代,一人之下万人之上的地位也将随之而去。

李斯权衡了一番,最后也选择站在赵高这一边。公子扶苏接到诏书后,拔剑欲要自杀,蒙恬以"诏书可能有假"劝止,然而扶苏没听蒙恬的劝言,最后拔剑自杀。

公元前209年,胡亥回到咸阳,并将秦始皇的死讯公告天下。秦始皇的葬礼完毕后,胡亥继位称帝,是为秦二世。赵高官被封郎中令,成为了胡亥最亲信的决策者。

赵高替代李斯当上丞相后开始把持朝政为所欲为,事情不论大小,都完全由他决断。羽翼已丰的他,渐渐不把胡亥放在眼中了。一天,赵高趁群臣朝贺之时,命人牵来一头鹿献给胡亥,说:"臣进献一马供陛下赏玩。"胡亥虽然糊涂,但是鹿是马还是分得清。他失声笑道:"丞相错了,这明明是头鹿,怎么说是马呢?"

赵高板起脸,一本正经地问左右大臣:"你们说这是鹿还是马?"围观的人,有的慑于赵高的淫威,缄默不语;有的惯于奉承,忙说是马;有的弄不清赵高的意图,说了真话。

胡亥见众口不一,以为自己是冲撞了神灵,才会认马为鹿,遂召太卜算卦,太卜道:"陛下祭祀时没有斋戒沐浴,故至于此。"胡亥信以为真,便在赵高的安排下,打着斋戒的幌子,躲进上林苑游猎去了。二世一走,赵高便将那些敢于说"鹿"的人纷纷正法。

秦二世胡亥对赵高早已深信不疑,将生杀大权一并交付给他。赵高第一个开刀的就是蒙氏兄弟。蒙恬、蒙毅在秦始皇生前颇受重用,屡建奇功,在朝中也权高位尊,因此是赵高平生最忌之人。

除掉蒙氏兄弟后,赵高将谋杀的矛头转向了秦王室。据史书记载,赵高一次就在咸阳杀掉了胡亥的12个兄弟,将10名公主

历史的天空

历史上的奇人奇事

碾死于杜邮。

李斯屡次想进见二世，二世只是不许。赵高深知胡亥已沉湎于酒色而不能自拔，当然就十分反感别人在他玩兴正浓的时候来打扰。于是，每当看到胡亥歌舞狂欢，赵高就派人通知李斯："皇上正闲着，可以奏事。"李斯赶忙去求见，一连几次，都是如此。二世非常恼怒，破口大骂："李斯这老贼，竟敢拿朕寻开心！我闲着的时候他不奏事，偏我宴饮正酣之时再三扫我兴致。难道是看朕年轻，瞧不起朕吗？"

赵高见胡亥的脸色越来越青，压低了嗓门接着说："丞相的长子李由现任三川郡守，造反闹事的贼子陈胜等人与丞相本是同乡。所以盗贼们经过三川的时候，李由也不组织攻击，致使事端越闹越大。臣还听说李由与陈贼有过书信往来，由于还没有得到真凭实据，才不敢贸然奏知圣上。"

胡亥正在气头上，闻之雷霆大发，立刻就要审办李斯，并当即派人去调查李由通盗一事。李斯知道后，才恍悟自己中了赵高

胡亥二世皇帝陵

的圈套。他上书给二世，一面申诉自己的冤屈，一面指出赵高"有邪佚之志，危反之行"，提醒二世当心。

胡亥派赵高审讯李斯父子谋反的案件，公元前208年，经过一系列精

心策划,李斯的罪名终于被赵高罗织而成,再也无法改变了。奔赴腰斩刑场的李斯,悔恨交加却为时晚矣。

李斯死后,赵高名正言顺地当上了丞相,这时全国已到处卷起了亡秦风暴。陈胜、吴广起义失败后,项羽、刘邦领导的反秦义军以更加迅猛的势头继续战斗。

刘邦带着数万兵马迂回进入武关,为了早日攻克咸阳,他派人暗中与赵高联系,希望赵高能做内应。赵高担心胡亥知道后祸及自己,便称病不上朝,私下里暗算着乘乱夺位之事。

章邯的倒戈,胡亥也不能再坐视不管了,他寝食难安,日日斋戒于望夷宫,惶惶不可终日。他派使者质问赵高,赵高知道二世对自己产生了怀疑,于是秘密与弟弟赵成和女婿阎乐商议对策,制定了弑君政变的计划:由咸阳令阎乐率领手下士兵装扮成山东农民军攻打望夷宫,以郎中令赵成为内应,赵高则负责指挥全局。

一切安排妥当后,赵成便在宫内散布谣言,假装说有盗贼,命令阎乐发兵追击,致使宫内防守空虚。阎乐冲到胡亥面前,胡亥一边后退一边颤声道:"朕乃真龙天子,你敢弑君!"

阎乐气势汹汹:"你这个无道暴君,搜刮民膏,残害无辜,天下人人得而诛之。你还有什么可说的?"胡亥还欲做垂死挣扎,胆战心惊地问:"我可以见一见丞相吗?"阎乐一口拒绝:"不行!"他已无可奈何,只得最后再眷恋地环顾了一下巍峨的宫殿,回想一下昔日奢靡安逸的生活,咬咬牙,拔出长剑,结束了他可怜又可恨的一生。

爱臣若宝的唐肃宗

唐肃宗刚在灵武即位的时候，身边的文武官员不满三十人，那个临时建立的朝廷，什么都乱糟糟的。一些武将，也不大肯听指挥。这时候，他想起他当太子的时候的一个好朋友李泌，就派人把李泌从颍阳接到灵武来。

李泌原是长安人，小时候很聪明，读了不少书。当时的宰相张九龄看到他写的诗文，十分器重他，称赞他是个"神童"。

肃宗当太子的时候，李泌已经长大了，他向玄宗上了奏章，对国家大事提了一些意见。

唐肃宗陵

137

唐玄宗看了很欣赏,召见他,想给他一个官职。他推说自己年轻,不愿做官。玄宗就要他和太子交个朋友。以后,他经常到东宫去,太子也特别喜欢接近李泌,把他当作老师看待。后来,李泌看不惯杨国忠掌权,曾经写诗讽刺杨国忠。为了这个,他被杨国忠排挤出长安。他索性跑到颍阳隐居起来了。

这一回,唐肃宗来请他,他想到朝廷正遭到困难,就到了灵武。唐肃宗看见李泌,真像得到宝贝一样高兴。那时候的临时朝廷,不那么讲究礼节。唐肃宗跟李泌就像年轻时候一样,进进出出,都在一起,大小事情,全都跟他商量。

李泌有什么主意,唐肃宗没有不听从他的。唐肃宗想封他当宰相,李泌并不愿意。他说:"陛下待我像知心朋友一样,这就比当宰相的地位还贵了,何必非要我挂个名不可呢?"肃宗见不能勉强他,也就算了。

李泌在乡间隐居的时候穿的是布衣,到了灵武,还是那件旧的布褂子。有一次,李泌陪唐肃宗一起骑着马巡视军队,兵士们在后面,指指点点说:"那个穿黄袍的是皇上,穿白褂子的是山里来的隐士。"

唐肃宗听到兵士们的议论,觉得这样太显眼了,就给李泌一件紫色的官服,硬要他穿上。李泌没办法,只好穿上。肃宗笑着说:"你既然穿上了官服,还能没有个官衔?"说着,从袖里拿出一份诏书,任命李泌为元帅府行军长史。李泌还不肯答应,唐肃宗说:"现在国家困难,只好暂时委屈你一下,等平定叛乱之后,还是任你自由。"

那时候,郭子仪也已经到了灵武。朝廷要指挥全国的战事,军务十分繁忙。四面八方送来的文书,从早到晚没有间歇的时刻。唐肃宗命令把收到的文书，一律先送给李泌拆看，有特别紧要的，才送给肃宗。

官门的钥匙，由太子李俶和李泌两人掌管。李泌忙得连饭也顾不上吃，觉也没能好好睡。唐肃宗一心想回长安，问李泌说："敌人这样强大，我们怎么办？"

李泌说："安禄山发动叛乱，真心帮他出力的是少数，其余都是被迫参加的。照我的估计，不出两年，就可以把他们消灭。"接着，他又给肃宗定了一个军事计划，暂缓收复长安，派郭子仪、李光弼分两路进军河北，攻打叛军老巢范阳，叫叛军进退两难，再发动各路官军围攻，把叛军消灭。

第二年春天，叛军发生内讧，安禄山的儿子安庆绪杀了安禄山，自己称帝。要消灭叛军，这本来是个好机会。但是肃宗急于回长安，不听李泌的计划，把郭子仪的人马从河东调回，强攻长安，结果打了一个败仗。后来，郭子仪借了回纥的精兵，集中了十五万人马，才把长安攻了下来。接着，又收复了洛阳，叛乱头目安庆

洛阳城

绪逃到河北，史思明也被迫投降。

唐肃宗建陵东侧文臣像

唐军收复了长安和洛阳，唐肃宗觉得心满意足，用骏马把李泌接到长安。唐肃宗的宠妃张良娣和宦官李辅国，嫌李泌权大，早就互相勾结，想把李泌除掉。太子李俶发现张良娣他们想害李泌，就告诉了李泌。李泌说："不打紧。我和皇上有约在先，等收复京城，我就归山，就没有事了。"

这回，李泌见唐军收复两京，算是了却一个心愿，决心离开朝廷。有一天晚上，唐肃宗请李泌喝酒，并且留他一起睡。李泌趁机会就对肃宗说："我已经报答了陛下，请让我回家再做个闲人吧！"唐肃宗说："哎，我和先生共了几年患难，现在正想跟您一起享受安乐，怎么您倒要走了呢？"李泌恳切地说："我和陛下结交太早；陛下太重用我，信任我。就是因为这些缘故，我不能不走。"

唐肃宗说："今天先睡吧，隔天再说。"李泌说："今天我跟陛下坐在一个榻上谈话，你不答应我。将来到了公堂上面，就没有我说话的余地了。如果你不让走，那就等于杀我了。"唐肃宗虽然不愿让李泌离开，但是经不住李泌一再请求，只好同意。

李泌到了衡山，在山上造个屋子，重新过他的隐居生活。李泌走了以后，唐肃宗身边少了一个正直的大臣，李辅国等一批宦官的权力就大起来了。

经常为难忠臣的皇太极

皇太极是努尔哈赤十六个儿子当中的第八个儿子，他八岁丧母，二十岁带兵打仗，二十四岁他父亲努尔哈赤登极称汗，三十五岁他父亲死了，他继承大位。皇太极是清朝继努尔哈赤之后，又一位杰出的政治家和军事家。

长期以来，一些明清史专家认为，皇太极汗位是从其幼弟多尔衮手中篡夺来的。据说，努尔哈赤生前已立多尔衮为嗣子，而皇太极用阴谋狡诈的手段从其幼弟手中夺取了汗位，为去除篡位障碍，还逼迫多尔衮生母大妃纳喇氏死殉。

皇太极即位后，对多尔衮"特加爱重"，大力培养提拔，多尔衮对皇太极的恩育万分感念，尽心尽力辅佐皇太极，勋劳卓著，成为皇太极最得力的助手。

有的则认为，皇太极的汗位是通过激烈争斗，力克竞争对手而得到的。努尔哈赤死后，皇太极与诸贝勒争夺汗位的斗争白热化，最后皇太极击败对手自立为汗。

其间，皇太极与代善的争斗尤为激烈，代善有勋绩，有声望，也有势力，长期以来一直是汗位的有力竞争者，皇太极抓住一切机会打击代善，代善威望遭受损害。努尔哈赤死后，又逼大妃死

殉,削弱代善的势力,最后压服代善,夺取汗位。

由此,引出皇太极与大臣代善之间的恩怨情仇。

对于大贝勒代善,皇太极的感情是复杂而又矛盾的。性格宽柔的代善一直小心翼翼地跟随在皇太极的鞍前马后,其子岳托、萨哈廉等人也紧密地围绕在皇太极周围。但也正因为这样,代善成为一人之下,万人之上的汗国二号人物,皇太极也不得不事事对这位王兄礼让三分。

天聪九年九月,皇太极率领后金群臣出猎,代善父子随行。途中,代善因两子生病安置,营寨与皇太极的御营之间相隔稍远。恰在此时,一路随行皇太极的哈达公主莽古济借故辞别,欲先行返回沈阳。当莽古济途经代善的军营之时,代善命福晋将其邀至营中,盛情款待,临别,又赠以大量财物。这下,可捅到了皇太极的肺管。

莽古济与莽古尔泰、德格类乃同母所生,十二岁时被努尔哈赤嫁给哈达部首领武尔古代为妻,因此又被称为哈达公主。同胞兄弟莽古尔泰与德格类先后暴亡,莽古济难说对皇太极没有意见。莽古济的两个女儿分别嫁给代善的长子岳托和皇太极的长子豪格为妻。就在这次出猎前不久,豪格提出要娶林丹汗遗孀伯奇福晋为妻,皇太极与诸贝勒集议后予以批准。

莽古济对此极为不满:“吾女尚在,贝勒豪格何得又娶一妻也?”满洲贵族一人娶多妻,是当时社会的正常现象。人走在路上怨路不平,其实是人心不平。莽古济是在借此发泄心中对皇太极的不满。因为心情不爽,莽古济借故提前回沈阳。

偏在这时,一向并非与莽古济关系要好的代善竟然做出如此与之亲善的举动,让皇太极很生气。他立刻派人到代善营中兴师问罪,大加斥责,并迅速离开营地返回皇宫,让前来负荆请罪的代善父子扑了个空。皇太极还宫后,关闭了皇宫大门,不许诸贝勒大臣进见,这种几近小孩子耍无赖的做法立即奏效,后金群臣在片刻之后就为代善父子议定了四条罪状,并公布了处罚决定。

皇太极即位后,曾经作出一项规定,限制诸王贝勒的侍卫人数。代善却做出了一个赌气的举动:有一天,他不带侍卫,自己牵着马,腋下夹着褥垫去见皇太极。显然是故意做给皇太极看的。

皇太极看后,未置可否,这位大贝勒也就无趣地回家去了。

皇太极称帝的第二年,代善违反规定,为自己多配了十二名侍卫,并说,皇太极的护卫也超过了定额,逼得皇太极当众对证,最后,证实皇太极的侍卫人数不但没有超额,反而还不够定额。群臣集议,拟将代善亲王爵位革除,并罚银

皇太极塑像

143

一千两。皇太极下令对代善予以宽免。

崇德二年，在一次战后点评时，皇太极认为："诸王以下，诸将以上，多违法妄行，命法司分别议罪。"刑部审议后，认定处礼亲王代善以下共计六十四人犯有不同程度的罪过，分别判处二十四人死刑，十三人撤职，五人鞭刑，二十二人罚款处分。这其中，有皇太极的儿子、哥哥、弟弟、侄子、驸马，这些皇亲国戚占到受处罚人数的四分之一左右。最后，从代善开始，这些人全部受到了处罚。

代善父子的尴尬境地一直持续到岳托病逝方告结束。其时，代善另一子萨哈廉早已因病去世。代善一系势力大减，再也无力让皇太极有危机感。从此以后，皇太极才不再处处为难代善。

皇太极陵

非要杀忠臣的宋高宗

宋高宗赵构，是宋徽宗赵佶的第九子。赵构天性聪明，知识渊博，史书记载他能拉动约二百斤力的弓。

宋高宗是南宋开国皇帝，统治期间，虽迫于形势以岳飞、韩世忠等大将抗金，但重用投降派秦桧。后以割地、纳贡、称臣等屈辱条件向金人乞降求和，收韩世忠等三大将兵权，逼杀岳飞。

宋朝自太祖赵匡胤开国以来，素有不轻易杀戮大臣的传统，传位到宋高宗赵构，尽管他懦弱，但也基本上继承了开国祖先的这一优良传统，所以在解除诸将兵权后，宋高宗并没有如越王勾践一般实行"兔死狗烹，鸟尽弓藏，卸磨杀驴"的政策，而是高官厚禄地奖励许多有功之臣。

可是，为什么要对为宋朝立下汗马功劳、为朝廷建功立业的名将岳飞，却毫不手软地要置于死地呢？其根本原因还是由于岳飞的实力实在太强大了，已经形成了宋朝最为猜忌和防范的"重点人物"。与其整日提心吊胆地防着，还不如杀之以了心中的担忧，也许正是这样的心态才促使宋高宗对岳飞痛下杀手！

而最开始的君臣感情还是很融洽的，只是随着时间的推移，渐渐变了味道。

1133年，岳飞奉命镇压了江西吉安和赣州的农民起义军，赵构非常高兴，亲笔书写了"精忠岳飞"四个字送给岳飞，并提拔岳飞为镇南军承宣使、江南西路沿江制置使。此后，赵构不断给岳飞加官晋爵，甚至一度封到节度使，君臣之间的关系还很融洽。

1137年时，赵构在临安府召见岳飞，拜岳飞为太尉，太尉是宋代武将的最高头衔，宣抚使则是仅次于宰相的执政级实职差事，可见当时赵构对岳飞的喜爱和信任。之后，春风得意的岳飞多次与赵构谈论出兵北上，收复河北、京畿、陕西失地。赵构非常赞同他的主张。但是，前几天还雄心勃勃的赵构，却突然来了个180度的大转弯，竟然唆使秦桧与金军谈判，准备议和。对赵构的出尔反尔，岳飞十分愤慨，一怒之下，竟然擅离职守，离开本军。

岳飞毕竟是南宋在军事上倚重的大臣，虽然脾气倔强，但对国家忠心耿耿，不能就这样对他撒手不管了。后来，赵构强忍怒气，自降身份，经过"数次下诏"不断安慰他，岳飞才姗姗来迟地返朝，向赵构请罪，赵构表示对其宽恕的同时，并引用太祖"犯吾法者，唯有剑耳"的话以示警告，言语之中已经暗藏杀机。

尤其吃了豹子胆的岳飞居然上言，请"无子嗣"的赵构建储，因为赵构的独子8年前夭亡，自己又失去了生育能力，后来赵构虽然从太祖赵匡胤一支中挑选了两位皇室子孙，过继到自己名下，但还没有确定由谁继承皇位。岳飞"哪壶不开提哪壶"，深深地刺痛了赵构那颗受伤的心，更加深了赵构对他的记恨。

1139年，赵构又和金国议和，金国归还了南宋河南、陕西等地。赵构以为和议之事已成定局，从此就可以安享太平，便大赦天下，给文武大臣加官晋爵。但是，岳飞却认为"金人不可信"，并上表不赞同赵构和秦桧的投降乞和行径，甚至拒绝接受赵构赐给他的高官。赵构和秦桧对岳飞切齿痛恨,除掉岳飞的阴谋已经在秘密的酝酿之中。

不出所料,金人撕毁和议,再次南侵,岳飞又率军奔赴了抗金前线,屡败金军,收复了河南大片失地。然而,以赵构和秦桧为首的投降派,当初令岳飞北进,并非想光复宋朝江山,只是指望他击退金军南侵,保住半壁江山。为了让岳飞尽快退兵,赵构竟然一日连下十二道金牌,催促岳飞立即班师。

赵构以犒赏军功为借口,把张俊、韩世忠和岳飞召到临安,任命张俊、韩世忠为枢密使,岳飞为枢密副使,名为升官,实际是解除了他们的兵权。八月,岳飞被罢免了所有官职。九月,秦桧收买岳飞的部将王俊和王贵,诬告岳飞谋反,把岳飞关进了监狱。

岳飞塑像

1141 年十二月二十九日,赵构不惜违背赵匡胤"不杀大臣"的祖宗家法,亲自下旨,以毒酒赐死岳飞,张宪、岳云斩首。

一代抗金名将不是牺牲在战场上,而是死于自己所效忠的皇帝手中,无不令后人崇敬和痛惜。自古以来,君要臣死,臣不得不死。事实上,当赵构想要岳飞死时,岳飞到底犯没犯

"谋反之罪"，已经变得不重要了。重要的是，当时南宋已经与金国达成了最后议和，作为武将，岳飞失去了存在的价值。

而当时的岳飞也已经具备了"取而代之"的条件。经过多年的"以战代练"，岳飞已经成功培养出了一支直属的嫡系部队。如果岳飞要造反，这支部队绝对会赴汤蹈火，在所不惜。

从宋高宗的角度来看，岳飞不但在军中培植自己的势力，大肆任用裙带关系，而且还一直都在隐瞒这支部队的实力，比如当岳云或者张宪取得战功的时候，岳飞不是有功不报，就是大功小报，始终保持着这支部队的低调，显然是另有图谋。这也是后来宋高宗不但杀了岳飞，而且还亲自下令杀掉岳云、张宪的根本原因。

平定杨幺起义，岳飞不但将缴获的楼船送给同为一方统帅的张俊和韩世忠，甚至还倒贴经费，为楼船配好兵刃器械；收复襄阳，刘光世明明没有按皇帝的命令赴援，岳飞却故意往刘光世脸上贴金。朝廷要收拾韩世忠，岳飞又私自通风报信，博取感激之情。再加上岳飞本身就是张俊的老部下，两人之间有着千丝万缕的关系；而吴玠又早已与岳飞有着说不清道不明的联系，当时的岳飞几乎在全国的军事系统中建立起了自己的"关系网"，这实在不能不让人怀疑他是否另有所图。

如此分析，岳飞确实占尽了天时、地利、人和，在当时的那种形势下，岳飞如果决定谋反，是极有可能成功的。也正是因为如此，所以宋高宗才可以放过韩世忠，却务必要置岳飞于死地而后快。

君臣缺少默契的宋孝宗

宋高宗像

宋孝宗赵眘是宋太祖的七世孙，赵德芳的后人。高宗在扬州逃跑时因为受到了惊吓，而失去了生育能力。唯一的独子又在苗刘之变后死去。而英宗系的后人，在靖康之变后基本被金一网打尽，全都押往北方。最主要的是，出使金国的使臣回来后说，金太宗长得酷似宋太祖，传说太祖要回来夺皇位。

于是高宗说，太祖大公无私，朕准备将皇位传给太祖的后人。于是从太祖的后人中选拔，最后只剩下一胖一瘦两个小孩。高宗开始中意胖小孩，两个孩子在宫中站着，突然来了一只猫，瘦孩没动，胖孩子却伸脚去踢猫。这件事，让高宗对胖孩子好感顿消，让两个小孩都留了下来，胖小孩名叫赵琢，而瘦小孩，便是赵眘。

留在宫中的赵昚,从小就接受了最好的教育,长大后封公,后来被进封为郡王。这位天资聪明的准皇储却和权臣秦桧关系很僵。主要是赵昚比较厌恶秦桧的屈辱求和。而秦桧也顾忌赵昚能力太强。

赵昚被养在宫中将近20年,却一直未被确定太子的名分。主要原因就是高宗还是抱有幻想,想自己争取再生个儿子出来。其次秦桧的强烈反对。再次是高宗的生母韦太后不喜欢赵昚,而喜欢另一个养育在宫中的赵琢。

两年后,金朝海陵王南侵,高宗又准备下海逃命,皇太子赵昚上书,要求自己率兵迎敌。事先不知情的史浩知道后大惊,知道赵昚犯了大忌,赶快让皇太子上书谢罪,并要求随皇帝一起出征。金兵退走后。高宗决定禅位给赵昚,自己退居太上皇。

宋孝宗像

36岁的孝宗即位后,颇有一番作为,首先他给岳飞平反,又将秦桧时期制造的冤假错案,全部予以昭雪。重用主战派,重新拜张浚为相。经过和主和派的激烈斗争,孝宗决定北伐。

张浚坐镇扬州。20多年前的张浚也是负责对金作战的全局筹划工作,当时他手下的将领有岳飞,韩世忠,刘琦这样的名将。而20多年后,当年意气风发的张浚也老了,手下的将领也只有李显忠和邹宏渊了。

此时的南宋，内部问题多多，士风日下。官俸和军费占了国家大量的财政收入。于是政府加重税，又使农民造反。一批支持孝宗恢复的老臣相继去世，又使其辅弼无人。而且他的生母，皇后，太子都相继谢世，家庭生活也不幸福。

孝宗虽然被迫向金屈服，但无时无刻不想着恢复。但张浚、陈康伯死后，却没有符合孝宗自己意图的人当宰相。最后选用了陈俊卿和虞允文，但他俩虽然都是主战派但却不和。

虞允文是进士出身，完颜亮渡淮南犯的时候，在采石一战成名。当时，南宋朝廷一片慌乱，淮西主帅王权望风逃窜，金军如入无人之境，直抵长江北岸。虞允文临危受命，担任参谋军事，临江督战。

虞允文被派往采石犒师，当他到达采石的时候，见逃到江南的王权部下将士，士气十分低落，而长江北岸，金营遍野，气势鼎盛，眼看局势不可挽回。虞允文在此情况下，没有带头逃跑，而是立即召集原王权部下的将官，激励他们奋勇作战，以死求生。他开始着手整顿队伍，布置水军，并命令当地民兵登船作战。之后，完颜亮亲自指挥金军渡江，结果南宋军民齐心协力，奋不顾身，大败完颜亮。

虞允文也一战成名，成为了宋朝政府主要依靠人物之一。采石之战后，虞允文升任兵部尚书、川陕宣抚使，在上任的路上，他和地方主要将领会商攻金战略，提出了"以大军出关辅，因长安之粮以取河南，因河南之粮而会诸军以取汴，则兵力全而饷道省，至如两河，可传檄而定"的战略，并上奏宋高宗，又申报当时当太子的宋孝宗，但没有被采纳。

四月宋孝宗起兵北伐时，东线虽取得胜利，但川陕一带有利的态势已经失去,不但没有能配合北伐,甚至失去了在西线的牵制作用。虞允文随后朝见宋孝宗,再次力陈放弃西北三路十六州地区的利害关系,宋孝宗恍然大悟,将史浩罢相出降地方。

乾道元年,左相陈康伯罢相之后,宰相位置出现空缺,参知政事钱端礼一个人主政。同年三月,虞允文又升为参知政事兼同知枢密院事,钱端礼一心想升宰相,陷害虞允文,于是虞允文被罢官,回四川家乡闲居。

宋孝宗并没有忘记他,几年之后,虞允文被重新启用,再次入知枢密院。是年五月,大将吴死,虞允文任知枢密院事兼四川宣抚使,接替吴镇守西疆,这是宋孝宗对虞允文的极大信任,因为四川局势直接关系到南宋政府的存亡,虞允文也不负所望,在他的带领下四川军政面目一新。

虞允文虽然是北伐的坚定支持者,但实际上他心中顾虑重重。孝宗在隆兴和议签订前,对于和战的态度总是摇摆不定,最终在太上皇的逼迫和主和派的压力下,接受了屈辱的和约,对此,虞允文记忆犹新。一旦再次北伐,他担心孝宗又会像上次那样改变主意,使北伐半途而废。而且,孝宗对东宫旧人等奸佞之辈十分宠幸,这也令虞允文意识到了潜在的危机。

万一北伐不利,自己势必遭到朝野上下的围攻,甚至会有杀身之祸。乾道八年九月,他辞去相位,再次出任四川宣抚使。临行之前,孝宗要求他到四川后立刻出兵,与江淮军队会师于河南,虞允文忧心忡忡地说:"我担心陛下届时未必能够配合。"孝宗当即表示:"如果你出兵而朕犹豫,就是朕有负于你;如果朕已举兵而你不动,就是你有负于朕!"

然而,孝宗这番慷慨激昂的话并没有打消虞允文的顾虑。他到四川后,虽然积极备战,但却一再推迟出兵时间。乾道九年十月,孝宗手诏虞允文,催促他早日出师,虞允文以"军需未备"为由,要孝宗"待时而动",实际上拒绝了孝宗的要求,从而使孝宗恢复中原的计划又一次落空。

应该说,虞允文的担心不无道理,正当他在四川任上时,孝宗任命了坚决反战的梁克家为宰相,让这样的人物主持朝政,势必会对虞允文的行动有所牵制和阻碍。淳熙元年二月,虞允文因操劳过度,得病去世,这对孝宗的中兴大计和信心无疑是沉重的打击。

南宋再也找不出像虞允文那样坚决主战又有才能的大臣,主战派不少干将已经亡故,尚还在世的大臣也日趋消极保守,更不要说主和派官员了。面对朝廷上下安于现状的主流意识,孝宗既痛心疾首又无可奈何,自己恢复中原的远大抱负无从施展,昔日的锐气渐渐消磨下去,暮气日重。

虞允文陵墓

任宦官左右的唐僖宗

唐僖宗是大唐开国以来第一位仅仅以十二岁稚龄就即位的皇帝。也是大唐在晚期时候的倒数第三位皇帝。在他即位期间，发生了让唐皇室彻底走向衰落的大动乱——黄巢之乱。在他死后，大唐也气数已尽，最终在二十年后灭亡。

自安史之乱以来，宦官专权、藩镇割据、朋党之争，这晚唐的三大毒瘤，让整个帝国的元气都消耗在其中。虽然也曾经有过宪宗的元和中兴和号称小太宗的宣宗的励精图治，但那不过是昙花一现，很快就烟消云散了。

而朝廷尤其是皇室的衰弱，竟然到了连皇帝的废立都操持在宦官手中的地步。宦官这种有着生理缺陷的男人，本来是一贯被人瞧不起的。但是他们竟然能够在晚唐的一段不短的时间内，掌握了皇帝废立的大权，以至于杀皇子，甚至于杀皇帝，都是家常便饭。这不要说在整个中国的历史上，就算在世界历史上都是少见的。

宦官本身在道义上并没有多大的号召力。他们的权力，完全来自于他们的主子——皇帝。历代王朝都有宦官专权的时候。但是其他朝代的宦官无论怎么专权，都不敢对皇帝的废立加以干涉。而他们的权力，在皇帝的一个命令之下，也可以从权倾天下一下子变得一无所有。但是在晚唐时候，几位皇帝铲除宦官的企图，都没有成功。由此可见，晚唐皇室的衰弱是何等的惊人了。

自唐穆宗以来到唐僖宗，已经有八位皇帝是由宦官所立，宦官不仅掌握军政大权，而且还操纵皇帝的废立。这时，稍有作为的皇帝，就想利用宰相压制宦官，宦官也不甘示弱，总是伺机反扑。

僖宗即位时，朝政的腐败已经到了登峰造极的地步。

当时，朝廷的各级官吏贪污贿赂成风，很多人用钱买官，"自咸通之后，上自宰辅以及方镇，下至牧伯县令，皆以贿取"。有人买通宦官到外地去做节度使，到

唐僖宗遗础

任后就尽力搜括,压榨百姓。社会矛盾进一步激化。

封建社会固有的土地兼并问题,到僖宗时期更为严重,失去土地的农民加入逃亡户口的队伍,朝廷把逃亡农民原负担的赋税转嫁到未逃亡的农民头上,这样就更促使逃亡户口的增加。广大农民已经极其穷困,无法再照旧生活下去;唐皇朝已经断绝了税收来源,也无法再照旧统治下去。在这种情况下,广大农民不能不铤而走险,公开推翻唐朝政权了。

僖宗年龄尚小,军国大政多听从臣下,南衙朝官和北司宦官为争权互相攻击,矛盾很深。自从唐懿宗以来,奢侈之费一日甚过一日,加上用兵不息,加给人民的赋税也愈益急迫。潼关以东地区连年水旱灾害,州县官吏不以实情上报朝廷,上下蒙骗,百姓却大批饿死,处于水深火热衷的农民无处控诉,只好相聚为盗,以求生路,于是到处盗贼成群,犹如蜂起云涌。

年仅十二岁就登上皇帝宝座的唐僖宗,不过是一个什么都不懂的小小孩童,只能任人摆布。在寻常人家,这样的孩童还正是在父母膝前嬉戏玩乐的时候。而这个顶着皇帝这个吓人名头的小孩子,其实跟寻常人家中的同龄人并没有什么两样。

如果用明君或者说普通正常的皇帝的标准来看,唐僖宗是一个地道的昏君。

他喜欢声色犬马,擅长斗鸡,特别是打球技艺超群,自以为是球场上的状元。他昏庸到让人以打球来赌西川节度使的地步。他还与亲王斗鹅,一只鹅赌资高达五十万钱。有一次,在京城地区发生蝗灾,地方官报告说:"这些蝗虫不吃皇家庄稼,都吓得抱着荆棘自尽了。"而唐僖宗对这些谎言却深信不疑。

十二岁即位时,僖宗除了吃喝玩乐之外,对自己曾同卧同起

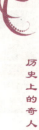

的奴仆田令孜十分恩遇。在皇上年幼的心里，已故的父皇似乎并不像自己的父亲，哪有这位和蔼的长者来得亲切！皇上甚至已经早把他当作是自己的父亲，即位之后，也直称"阿父"。

僖宗登上皇帝位，就任命田令孜知枢密使，随后更提升为掌禁兵的神策军中尉。田令孜颇读过一些书，很有心计巧思，招致权柄，收纳贿赂，任命官吏并赐给官吏绯衣、紫衣均不请示僖宗。每次与僖宗相见，总是准备水果食物两盘，与僖宗一起边吃边饮酒，二人相对慢饮，从从容容，许久田令孜才退。

唐僖宗陵墓

僖宗与禁中内园小儿亲昵戏狎，给陪他玩耍的乐工、伎儿的赏赐动不动就以万计，以致内府库藏空竭。田令孜又给僖宗出主意，令人没收长安东西两市商旅的宝货，全部收归内库，有谁敢陈诉，即行逮捕，交付京兆府用乱棍打死。自宰相以下满朝大臣对此事谁也不敢上言劝谏，犹如铁钳钳住了口，都不敢发言。

除满足自己的野心外，田令孜也谋求普遍提高宦官威信的办法。880年他任命京师和地方的高级宦官职务时采用了迄今

157

为止只有任命宰相时才使用的仪式。他的一切行为很自然地引起了朝廷官员们的不满，更粉碎了皇权恢复的一切可能性。

唐僖宗是一个严酷而反复无常的统治者，过分关心细节，喜施严刑，甚至用它来对付那些言之有理的批评，堵塞言路。一个太平时期的皇帝如果有这样的性格，完全不会带来太严重的后果——至少不至于毁灭整个帝国的根基。然而在王朝衰落时，这样的皇帝，很显然不会有什么好结果。

总而言之，长大后的僖宗，没有来得及整顿朝政，他的王朝已经摇摇欲坠了。黄巢的军队，已经攻入了长安。

唐僖宗塑像

由于田令孜赏罚不公，将物资匮乏时候宝贵的金帛全部赏给随驾军队，四川地方军队所得极少，西川黄头军军使郭琪因此拒绝接受，质问田令孜。田令孜暗中赐予毒酒。郭琪知道有毒，万不得已喝下，回家后喝血解毒，立刻率领部队发动叛乱。

仓促之中，皇上只与宦官们闭门自保，根本就不考虑外臣的死活。不少朝官们幸脱沦陷，含辛茹苦地来到了这里，眼见这一情形，那一腔委屈实在是难以按捺。

谏官左拾遗孟昭图忍不住上疏宣吐情绪，然而田令孜将奏章收了起来,不令皇帝知道,随后又假传圣旨将之贬职,更于其赴任途中将之杀害。消息传出后,所有人心寒气塞,不敢说话。凡此种种,皇帝的作为,让大臣们都冷了心。

随后,单单是四川境内,就有由于陈敬瑄的残暴而引发的阡能叛乱,此后又有黔州叛乱等数次叛乱。虽然这些叛乱都得到剿灭,但是朝廷的力量也在剿灭叛乱的过程中,越来越被削弱。

等到僖宗还京,又由于田令孜企图收回河中节度使王重荣专有的安邑、解县两个盐池的盐利,从而引发事端,令李克用与重荣两军联合起兵,以诛杀田令孜,清君侧的口号逼近长安。田令孜只得挟天子落荒而逃,奔往凤翔。僖宗在不到十年的工夫里两次出逃,在帝国的历史上是头一回。

僖宗流亡又接近两年,其间的艰难难以尽述。在此期间,朱玫被其部将王行瑜所杀,王重荣亦被部将常行儒所杀,常行儒又被重荣之弟王重盈杀掉。

公元888年初,僖宗还京,不久旧病发作,不治身亡。帝国历史上最年轻的皇帝在享尽了富贵也饱尝了颠沛流离之苦后,年仅二十七岁,就告别了人世。僖宗在位的这十四年,是帝国灾难深重的十四年,也是李家天下开始崩溃的时代。

环顾唐僖宗的一生,他并没有太大的才干,但也并不是桀纣那样的暴君,只是他不幸的生在了这个大唐天下陷入绝境的时代。天不假寿,也许是件幸事,因为地下的僖宗应该知道,祖宗基业没有在他手上结束,还算是他的造化。

图书在版编目（ＣＩＰ）数据

历史上的奇人奇事 / 王晶编著. -- 长春：吉林出
版集团股份有限公司，2014.10
（历史的天空 / 张帆主编）
ISBN 978-7-5534-5655-3

Ⅰ．①历… Ⅱ．①王… Ⅲ．①世界史－少儿读物
Ⅳ．①K109

中国版本图书馆 CIP 数据核字(2014)第 221392 号

历史的天空(彩图版)
历史上的奇人奇事 LiShiShangDe QiRenQiShi

作　　者　王　晶
出 版 人　吴　强
责任编辑　陈佩雄
开　　本　710mm×1000mm　　1/16
字　　数　150 千字
印　　张　10
版　　次　2014 年10月第 1 版
印　　次　2023 年 4 月第 4 次印刷
出　　版　吉林出版集团股份有限公司
发　　行　吉林音像出版社有限责任公司
　　　　　吉林北方卡通漫画有限责任公司
地　　址　长春市福祉大路 5788 号
发　　行　0431-81629667
印　　刷　鸿鹄（唐山）印务有限公司
ISBN 978-7-5534-5655-3　　定价：45.00 元